BRIEFE DER APOSTELZEIT

Frühchristliche Werke

Viele denken, wenn sie ein Neues Testament in der Hand halten, dass dies alles sei, was die Apostel lehrten und der Heilige Geist aufschreiben ließ. Doch es wurden zur selben Zeit noch andere Bücher geschrieben, die bei den frühen Christen genauso als inspirierte Heilige Schrift angesehen waren. Drei davon haben wir hier: Den Brief eines Lehrers von Apostel Paulus, weiters die älteste Kirchenordnung des Christentums, die laut Überlieferung von den Aposteln selbst verfasst wurde, und schließlich einen Brief eines Schülers von Paulus. Alle drei wurden im ersten Jahrhundert verfasst und in den Gemeinden gelehrt als noch Apostel lebten und über die gesunde Lehre wachten.

Es ist hier weder der Platz noch das Thema die Geschichte zu erzählen, wie und warum diese Bücher Jahrhunderte später aus dem Bibelkanon der institutionellen Kirche unter Konstantin geworfen wurden, stattdessen wollen wir alle Leser einladen, sich selbst ein Bild zu machen, wie das Christentum heute aussähe, wenn sie noch in allen Gemeinden und Kirchen genauso gelehrt und gelebt würden wie in den ersten drei Jahrhunderten, und welche Irrlehren es heute schwerer hätten, sich zu verbreiten.

Im 16. Jh. hat die Täuferbewegung diese wertvollen, fast vergessenen Perlen des frühen Christentums wieder entdeckt und mit großem Gewinn für ihren Glauben und ihre Gemeinschaft gelesen und gelehrt. Vielleicht ist das der Grund, warum die Täufer andere Früchte brachten als alle anderen Christen ihrer Zeit?

Die BKV versah die Bücher mit Versnummern wie in der Bibel. Wir haben sie beibehalten und nur dort, wo sie fehler- oder lückenhaft waren, korrigiert. Auch überarbeiteten wir sämtliche Fußnoten und ergänzten sie reichlich, um zu zeigen, wie sehr die Autoren die Heilige Schrift kannten und ehrten, wobei uns bewusst ist, dass sie mehr zitierten als wir bemerkten. Wir können uns mit einem Barnabas oder Klemens nie messen. Bei der Zählung der Psalmen folgen wir der Septuaginta, ebenso bei den Namen der Bücher, wie üblich im frühen Christentum. Im Anhang erklären wir mehr. Viel Freude und Segen beim Lesen!

Michael Eichhorn, Herausgeber, Hermagor, August 2023

Band 2 aus unserer Serie Frühchristliche Werke

Barnabasbrief

Didache (Apostellehre)

1. Klemensbrief

Epistula Barnabae, Barnabasbrief.

Doctrina XII apostolorum (Didache), Lehre der zwölf Apostel.

Epistula ad Corinthios, Erster Brief des Klemens an die Korinther.

Aus dem Griechischen übersetzt von Franz Zeller. Die Apostolischen Väter. Bibliothek der Kirchenväter, 1. Reihe, Band 35, München 1918. Unter der Mitarbeit von: Jürgen Voos und Sr. Dr. M. Benedicta Arndt.

Online frei zur Verfügung gestellt von der Universität Freiburg unter https://bkv.unifr.ch/de

Revidiert von Michael Eichhorn mit den ANTE-NICENE FATHERS, Volume 1 The Apostolic Fathers, Edited by Alexander Roberts, D.D. & James Donaldson, LL.D. revised and chronologically arranged, with brief prefaces and occasional notes by A. Cleveland Coxe, D.D. June 1995. Originally published in the United States by the Christian Literature Publishing Company, 1885.

Überarbeitet, ergänzt (Fußnoten) und herausgegeben von Michael Eichhorn, 2023, Neudorf 25, 9620 Hermagor. eMail: nachricht@dlda.info

Herstellung und Verlag: BoD – Books on Demand, Norderstedt
ISBN: 9783757860363

Bibliografische Information der Deutschen Nationalbibliothek: Die Deutsche Nationalbibliothek verzeichnet diese Publikation in der Deutschen Nationalbibliografie; detaillierte bibliografische Daten sind im Internet über dnb.dnb.de abrufbar.

 Die Lehre der Apostel
www.dieLehrederApostel.info
Christliche Gemeinschaft Hermagor
auf dem Weg der frühen Christen
nachricht@dlda.info

Inhalt

Erster Brief des Klemens an die Korinther 82

Anhang   159

Barnabasbrief

60-100, Osten

Während die frühen Christen keinen Zweifel darüber aufkommen lassen, dass der Autor dieses Briefes jener in der frühen Kirche hochgeschätzte Levit aus Zypern[1] ist, der Paulus begleitete und den die Griechen für Zeus hielten[2], bestreitet das die Mehrheit der späteren Gelehrten. Da sie keinen anderen Barnabas kennen aus der Entstehungszeit des Briefes (die sie möglichst spät ansetzen), nennen sie ihn Pseudo-Barnabas.

Den Barnabasbrief zitierten frühe Lehrer wie Irenäus, Justin der Märtyrer oder Clemens von Alexandria reichlich und gern. Origenes nannte ihn „katholisch"[3], was hieß, dass ihn die Gemeinden als inspirierte Heilige Schrift anerkannten. Eusebius zählte ihn erst im vierten Jahrhundert zu den „unechten" Schriften, gemeinsam mit der Offenbarung des Johannes, die heute aber im Neuen Testament ist. Gleichzeitig räumte er ein, dass diese Schriften „bei den meisten in Ansehen stehen"[4].

Wir folgen den alten Lehrern, die noch die echten Autoren kannten und deswegen sowohl den Barnabasbrief als auch die Offenbarung als inspiriert betrachteten, zitierten und lehrten. Und wir laden alle Leser ein, selbst zu erkennen, ob der Brief von einem Pauluslehrer wie Barnabas stammen und früher geschrieben sein kann als andere Bücher der Bibel und ob er der Lehre der Apostel entspricht.

Es gibt eine Griechische und eine Lateinische Version dieses Briefes. Wir berücksichtigen beide. Die Versnummern stammen aus der BKV. Eine ausführlichere Einführung befindet sich auf unserer Website dlda.info. Der QR-Code führt direkt dorthin.

---

1 Hochgeschätzt: Apg 11,24. Levit aus Zypern: Apg 4,36.
2 Apg 14,12.
3 Origenes (3. Jh), Gegen Celsus (BKV), 1. Buch, K. 63.
4 Eusebius von Cäsarea (4. Jh), Kirchengeschichte (BKV), 3. Buch, K. 25.

I
Gruß und Freude über die Berufung

1 Seid gegrüßt, Söhne und Töchter, im Namen des Herrn, der uns geliebt hat, in Frieden!

2 Da groß und reich sind die Anordnungen Gottes[5] an euch, erfreuen mich gar sehr, ja über die Maßen, eure glücklichen und lobenswerten Erweisungen des Geistes; so sehr habt ihr empfangen die eingepflanzte Gabe des Geistes. 3 Deshalb freue ich mich auch innerlich umso mehr und hoffe, gerettet zu werden, weil ich wahrhaft unter euch ausgegossen sehe den Geist vom Herrn, aus der reichen Quelle an euch gespendet. So sehr hat mich bei euch ergriffen euer mir so ersehntes Wiedersehen. 4 In dieser Überzeugung und im Bewusstsein, vieles zu verstehen seit ich unter euch zu reden begann, weil der Herr auf dem Wege der Gerechtigkeit mein Begleiter war, sehe ich mich erst recht gezwungen, auch meinerseits euch mehr als meine Seele zu lieben, daraufhin, weil großer Glaube und Liebe in euch wohnen wegen der „Hoffnung seines Lebens."[6]

5 Indem ich nun dies bedachte, dass, wenn ich es mir euch zulieb angelegen sein lasse, ein Stück von dem, was ich empfangen habe, euch mitzuteilen, dass ich solchen Geistern mir selbst zum Lohne förderlich bin, habe ich mich angestrengt, einiges Wenige euch zu schreiben, damit ihr in Verbindung mit eurem Glauben vollkommene Erkenntnis habet. 6 Die Lehren des Herrn sind also drei: Hoffnung des Lebens ist Anfang und Ende unseres Glaubens, und Gerechtigkeit ist Anfang und Ende des Gerichtes, frohe und über die Werke erfreute Liebe ist das Zeugnis der Gerechtigkeit.[7]

---

5 Wörtlich „die Gerichte Gottes sind groß und reich an euch."

6 Vgl. Tit 1,2; 3,7.

7 Der alte latein. Text ist hier kürzer: „Die Lehren des Herrn sind also drei: die Hoffnung auf das Leben, dessen Anfang und Vollendung."

7 Denn kundgetan hat uns der Herr durch die Propheten das Vergangene und das Gegenwärtige, auch von der Zukunft gab Er uns den Anfang zu kosten. Sehen wir nun davon Punkt für Punkt sich verwirklichen gemäß Seinem Worte, so muss unsere Furcht vor Ihm immer reicher und tiefer werden.

8 Ich werde euch aber nicht wie ein Lehrer, sondern wie einer von euch, auf einiges Wenige hinweisen, wodurch ihr in den gegenwärtigen Verhältnissen erfreut werden sollet.

II
Die jüdischen Opfer sind wertlos

1 Da nun die Tage schlecht sind und da der Widersacher[8] noch Macht besitzt, müssen wir uns selbst beobachtend die Anordnungen des Herrn genau erforschen. 2 Unseres Glaubens Helfer nun sind Furcht und Geduld, unsere Kampfgenossen Langmut und Enthaltsamkeit. 3 Halten diese unversehrt stand bei der Sache des Herrn, so freuen sich mit ihnen Weisheit, Einsicht, Wissenschaft, Erkenntnis. 4 Denn Er hat uns geoffenbart durch alle Propheten, dass Er weder Schlachtopfer noch Brandopfer noch Gaben brauche, indem Er einmal sagte:

5 *„Was soll mir die Menge eurer Schlachtopfer? spricht der Herr; satt bin ich der Brandopfer, und Fett von Lämmern und Blut von Stieren und Böcken mag ich nicht, auch wenn ihr kommt, um von mir gesehen zu werden. Wer hat denn dies verlangt aus euren Händen? In meinem Vorhof gehet nicht länger einher. Wenn ihr Speiseopfer bringt, ist es umsonst. Rauchopfer sind mir ein Gräuel, eure Neumonde und Sabbate ertrage ich nicht. "[9]*

6 Das also hat Er abgeschafft, damit das neue Gesetz unseres Herrn Jesus Christus, das kein Zwangsjoch[10] ist, nicht ein Opfer habe, das Menschenwerk ist. 7 Er sagt ihnen wiederum:

„Habe vielleicht ich euren Vätern, als sie aus dem Lande Ägypten zogen, befohlen, mir Brandopfer und Schlachtopfer darzubringen?"[11]

---

8 So der lateinische Text wörtlich; im Griechischen heißt es: „und der da wirkt, besitzt Macht"; Hilgenfeld liest: „der, der dagegen wirkt", womit der obige Gedanke gemeint ist. ANF schreibt „Satan".

9 Jes 1,11-13 nach der Septuaginta, wie üblich bei den frühen Christen.

10 Vgl. Gal 5,1; 6,2.

11 Barnabas formuliert die Aussage von Jer 7,22 in eine Frage um.

8 Nein; vielmehr dieses habe ich ihnen befohlen:

„Keiner von euch denke gegen seinen Nächsten Böses in seinem Herzen, und lügnerischen Eid liebet nicht."[12]

9 So müssen wir also, falls wir nicht Toren sind, die Absicht der Güte unseres Vaters begreifen; da Er uns nicht auf Irrwegen wie jene [die Juden] suchen will, sagt Er ja, wie wir Ihm nahen sollen. 10 Er spricht also folgendermaßen zu uns:

„Opfer für Gott ist ein zerknirschtes Herz, Wohlgeruch für den Herrn ist ein Herz, das den lobpreist, der es gebildet."[13]

Sorgfältig müssen wir also, Brüder, bedacht sein auf unser Heil, damit nicht der Böse einen Schlupfwinkel für den Irrtum in uns bereite und uns so wegschleudere von unserem Leben.[14]

---

12 Sach 8,17.

13 Der erste Teil ist aus Ps 50,19 nach Zählung der LXX. Der zweite Teil ist keiner uns bekannten Schriftstelle entnommen, entspricht aber der Gesamtaussage der Heiligen Schrift. Er erinnert an die Ältesten in der Offenbarung (5,8), die zum Wohlgeruch Gottes die Gebete der Heiligen in goldenen Schalen als Räucheropfer darbringen. Barnabas konnte die Offenbarung noch nicht gelesen haben, sondern zitierte die mündliche Überlieferung. Das ist ein typisches Merkmal des Barnabasbriefes und bestätigt dessen frühe Entstehung, bevor alle Bücher des Neuen Testamentes geschrieben waren. Es könnte sich hier aber auch um ein Herrenwort handeln, das mündlich überliefert wurde oder Barnabas selbst aus dem Mund seines Herrn hörte, denn er war ja einer der 70 Jünger Jesu (Lk 10,1) wie Eusebius erklärt (Kirchengeschichte (BKV), Erstes Buch, 12. K. Die Jünger unseres Heilandes). Damit wäre wiederum die Nähe zu Paulus gezeigt, der auch ein Herrenwort zitiert (Apg 20,35), das in keinem Evangelium geschrieben steht. Schließlich war es der Herr selbst, der Seine Jünger lehrte, wie man verschiedene Zitate in einem Satz kombiniert (Mt 4,10). Die Jünger Christi und deren Schüler zeichneten sich aus, dass sie Jesus darin nachahmten.

14 V,4; Vgl. 1.Petr 5,8; 1.Tim 4,1; Mt 24,11.24.

III
Das jüdische Fasten ist nicht vollwertig

1 Er sagt aber ein anderes Mal hierüber zu ihnen:

„Wozu fastet ihr mir, spricht der Herr, so dass heute im
Geschrei eure Stimme vernommen wird? Nicht dieses
Fasten habe ich mir erkoren, spricht der Herr, nicht
einen Menschen, der seine Seele schwächt. 2 Auch nicht,
wenn ihr euren Nacken krümmtet wie einen Kreis, wenn
ihr einen Sack anzieht und auf Asche euch betten
würdet, auch dann sollt ihr es nicht ein wohlgefälliges
Fasten nennen."[15]

3 Zu uns aber sagt Er:

„Siehe, das ist das Fasten, das ich mir erkoren habe,
spricht der Herr:

Löse jede Fessel der Ungerechtigkeit, löse auf die
Schlingen erzwungener Verträge, entlasse Verwundete
in Freiheit und zerreiße jede ungerechte Verschreibung.

Brich Hungrigen dein Brot, und wenn du einen nackt
siehst, den bekleide. Obdachlose führe in dein Haus,
und wenn du einen Niedrigen siehst, so sollst du ihn
nicht verachten, auch keinen von den Hausgenossen aus
deinem Samen. [16]

4 *Dann wird mit dem Morgenstrahl hervorbrechen dein*
Licht, und deine Gewänder werden schnell aufleuchten,
und vor dir herziehen wird die Gerechtigkeit, und Gottes
Herrlichkeit wird dich umgeben.

---

15 Jes 58,4-5.

16 Erinnert euch, wie Barnabas diese Worte selbst beherzigte als er seinen
Acker verkaufte und alles Geld den Aposteln zu Füßen legte, um es den
Bedürftigen der Gemeinde zu geben (Apg 4,36-37. Vgl. Mt 25,34-36)!

5 *Dann wirst du rufen, und Gott wird auf dich hören; wenn du noch redest, wird er schon sprechen: Siehe hier bin ich; wenn du ablegst von dir die Fesseln, das Handausstrecken[17], die mürrischen Reden und wenn du dein Brot von Herzen dem Hungernden gibst und einer niedergebeugten Seele dich erbarmst."[18]*

6 So hat also, Brüder, der Langmütige in der Voraussicht, dass das Volk, das Er sich bereitet hat, in Herzenseinfalt glauben werde an Seinen Geliebten [d. i. Christus], uns im Voraus über alles unterrichtet, damit wir nicht wie Proselyten[19] vorpreschen sollten zu ihrem Gesetz.

---

17 Das griechische Wort χειροτονίαν (keirotonian) in der LXX heißt zu Deutsch Handausstreckung und bezieht sich auf die Handbewegung beim Schwören. Es ist das Unterlassen des falschen Schwörens gemeint.

18 Jes 58,6-10.

19 Proselyten nannte man zur Zeit von Barnabas alle Heiden, die zum jüdischen Glauben konvertierten, indem sie den Gott der Juden anbeteten und das jüdische Gesetz befolgten. Sie wurden aber nie Juden genannt und auch nicht so behandelt, da sie aus Sicht der Juden keine vollwertigen Juden waren. Siehe z.B. Hauptmann Kornelius (Apg 10,1-2.22.28).

IV
Der nahende Antichrist und unsere Pflicht

1 Daher müssen wir über die gegenwärtigen Verhältnisse fleißig nachforschen und so herausfinden, was uns retten kann. Fliehen wir also vollständig vor allen Werken der Gesetzlosigkeit, damit sie uns nicht in Besitz nehmen; und hassen wollen wir den Irrtum der gegenwärtigen Zeit[20], damit wir unsere Liebe richten können auf die zukünftigen Welt. 2 Geben wir unserer Seele keine Freiheit, so dass sie die Möglichkeit bekommt, mit Sündern und Gottlosen zu laufen, damit wir ihnen nicht ähnlich werden.[21] 3 Das vollkommene Ärgernis ist nahe gerückt[22], von dem in der Schrift steht, wie Enoch sagt[23]. Dazu nämlich hat der Herr die Zeiten und die Tage abgekürzt, damit sein Geliebter sich beeile und zu seinem Erbe gelange. 4 Es sagt aber auch der Prophet so:

„Zehn Königsherrschaften werden herrschen auf Erden,
und danach wird ein kleiner König aufstehen, der drei
von den Königen auf einmal erniedrigen wird."[24]

5 Ähnlich sagt über denselben Punkt Daniel:

„Und ich sah das vierte Tier, böse und stark und wilder
als alle Tiere des Meeres, und wie aus ihm
herauswuchsen zehn Hörner und wie aus ihnen ein
kleines Nebenhorn wuchs und wie es auf einmal drei der
großen Hörner erniedrigte."[25]

---

20 Heute würde man Zeitgeist dazu sagen.

21 XIX,2; 1.Klem XLVI,3 und XIV,1-2 und ganzes K. XV.

22 Enoch 89,61-64; 90,17.

23 Ein weiterer Hinweis, dass Barnabas ein apostolischer Lehrer des 1. Jh. war, am Stand der neutestamentlichen Autoren. Denn sie kannten, lasen und zitierten noch Enoch (Henoch) als Heilige Schrift. Vgl. Judas 1,14.

24 Dan 7,24 frei zitiert.

25 Dan 7,7-8 von Barnabas gekürzt und zusammengefasst.

6 Ihr müsst es aber verstehen. Aber auch darum bitte ich noch als einer von euch, der ich jeden einzelnen und alle mehr liebe als meine Seele, dass ihr jetzt acht habet auf euch und nicht gewissen Leuten ähnlich werdet, indem ihr Sünden auf Sünden häufet[26] und dann saget, ihr Bund sei auch der unsrige. 7 Der unsrige, ja, aber jene [die Juden] haben ihn auf folgende Weise für immer verloren, obwohl Moses ihn schon empfangen hatte. Es sagt nämlich die Schrift:

„Moses war auf dem Berg, vierzig Tage und vierzig Nächte fastend, und empfing den Bund vom Herrn, steinerne Tafeln, beschrieben vom Finger des Herrn."[27]

8 Aber da sie sich den Götzen zuwandten, verloren sie ihn. Denn so spricht der Herr:

„Moses, Moses, steige eilends hinab, denn es hat das Gesetz übertreten dein Volk, das du aus dem Lande Ägypten herausgeführt hast."[28]

Und Moses erkannte es und warf die beiden Tafeln aus den Händen, und ihr Bund wurde zertrümmert, damit der Bund des geliebten Jesus fest in unserem Herzen versiegelt würde durch die Hoffnung des Glaubens an Ihn.

9 Da ich vieles schreiben wollte nicht als Lehrer, sondern wie es einem Liebenden geziemt, gab ich mir Mühe nichts auszulassen von dem, was wir haben. Haben wir also acht in den letzten Tagen! Denn die ganze Zeit unseres Lebens und Glaubens wird uns nichts nützen, wenn wir nicht jetzt in der zuchtlosen Zeit und in den bevorstehenden Ärgernissen Widerstand leisten, wie es Kindern Gottes geziemt.[29] 10 Damit also der

---

26 Sir 3,27.
27 Barnabas kombiniert Ex 34,28 mit 31,18.
28 Ex 32,7; Dtn 9,12.
29 Didache XVI,2. Diese Lehre widerstrebt gewissen Theologen, die Barnabas wegwischen und sagen, er würde Paulus widersprechen, was aber nicht wahr ist. Paulus kann man nur leichter falsch deuten als Barnabas.

Schwarze[30] keinen Eingang finde, wollen wir vor jeglicher Eitelkeit fliehen, wollen wir ganz und gar hassen die Werke des
bösen Wandels. Ziehet euch nicht allein zurück und bleibet
nicht allein, als ob ihr schon gerechtfertigt wäret, sondern kommet an einem Ort zusammen und strebet vereint dem nach, was
allen nützlich ist.[31] 11 Denn die Schrift sagt:

> *„Wehe denen, die sich selbst weise und die in ihren*
> *eigenen Augen verständig sind. "*[32]

Werden wir doch geistlich Gesinnte, werden wir ein voll-
kommener Tempel für Gott![33] Streben wir, soviel es an uns
liegt, nach der Furcht Gottes[34] und ringen wir um die Erfüllung
Seiner Gebote, damit wir froh werden in Seinen Satzungen.
12 Der Herr wird die Welt richten ohne Ansehen der Person[35].
Ein jeder wird empfangen nach seinen Werken. Wenn er gut ist,
wird seine Gerechtigkeit ihm vorangehen; wenn er böse ist,
wird der Lohn seiner Schlechtigkeit vor ihm her sein.[36]

13 Hüten wir uns, dass wir nicht wie Berufene [Gottes] aus-
ruhend einschlafen über unseren Sünden und der böse Fürst
Gewalt über uns bekomme und uns hinausstoße aus dem Königreiche des Herrn. 14 Auch das bedenket noch, meine Brüder!
Wenn ihr sehet, dass nach so vielen Zeichen und Wundern, die
in Israel geschehen sind, sie auch so noch verlassen worden
sind, dann wollen wir sorgen, dass nicht wir erfunden werden
gemäß dem Worte der Schrift:

> *„Viele sind berufen, aber wenige auserwählt. "*[37]

---

30 Schwarz steht für böse. Gemeint ist der Böse wie in Vers 13.
31 Das Verbot des Alleinseins und das Gebot zur Gemeinschaft als Schutz
   vor dem Bösen ist Teil der Lehre der Apostel. Hebr 10,24f; Apg 2,42.44.
32 Jes 5,21.
33 Vgl. Röm 8,5; 1.Kor 2,13ff; 1 Kor 3,16; 2.Kor 6,16.
34 Sir 2,15-17; 1.Tim 4,7-8.6,11. Vgl. Apg 9,31; 2.Kor 5,11.
35 1.Petr 1,17; vgl. Röm 5,11; Gal 2,6.
36 Vgl. 1.Tim 5,24-25.
37 Mt 20,16; 22,14.

V
Der Neue Bund ist unser Heil, der Juden Verwerfung

1 Denn dazu hat es der Herr auf sich genommen, hinzugeben Sein Fleisch zum Verderben, damit wir durch die Befreiung von den Sünden geheiligt werden in der Aussprengung Seines Blutes. 2 Es steht nämlich geschrieben über Ihn teils mit Bezug auf Israel teils mit Bezug auf uns; Er sagt aber also:

> *„Er wurde verwundet wegen unserer Gesetzlosigkeit,*
> *und er ist misshandelt worden wegen unserer Sünden;*
> *durch seine Striemen wurden wir geheilt. Wie ein Schaf*
> *wurde er zur Schlachtung geführt und wie ein Lamm*
> *stumm ist angesichts seines Scherers. "[38]*

3 Daher schulden wir übergroßen Dank dem Herrn, weil Er das Vergangene uns geoffenbart und in der Gegenwart uns belehrt hat, und für die Zukunft sind wir nicht ohne Verständnis.

4 Es sagt aber die Schrift:

> *„Nicht zu Unrecht werden Netze ausgespannt für die*
> *Vögel. "[39]*

Das besagt, dass zu Recht ein Mensch zugrunde gehen wird, der sich wegbegibt auf den Weg der Finsternis, obwohl er den Weg der Gerechtigkeit kennt. 5 Auch das noch (muss ich sagen), meine Brüder: wenn der Herr es auf sich nahm, für unsere Seele zu leiden, obwohl Er der Herr der ganzen Welt ist, zu dem Gott bei der Grundlegung der Welt sprach:

> *„Lasset uns den Menschen schaffen nach unserem Bild*
> *und Gleichnis. "[40]*

---

38 Jes 53,5.7.
39 Spr 1,17 nach der Septuaginta! Der MT sagt an der Stelle das Gegenteil.
40 Gen 1,26. Die Wörter „uns" und „unserem" beziehen sich auf den Herrn.

Wie nun hat Er es auf sich genommen, von Menschenhand zu leiden? Verstehet!

6 Die Propheten, welche von Ihm die Gnade hatten, weissagten auf Ihn hin; weil Er aber im Fleische sich offenbaren musste, damit Er den Tod entkräfte und die Auferstehung von den Toten zeige, nahm Er (das Leiden) auf sich, 7 damit Er den Vätern die Verheißung einlöse und sich selbst das neue Volk bereite und auf Erden wandelnd nachweise, dass Er die Auferstehung bewirken und dann richten werde.

8 Überdies lehrte Er Israel, und indem Er solche Zeichen und Wunder tat, trat Er als (Gottes) Herold[41] auf, und gar sehr liebte Er es (Israel). 9 Als Er aber Seine eigenen Apostel, die Sein Evangelium verkünden sollten, Leute, die über alles Sündenmaß ungerecht waren, auserwählt hatte,[42] um zu zeigen, dass Er nicht gekommen ist, die Gerechten, sondern die Sünder zu berufen[43], da offenbarte es sich, dass Er der Sohn Gottes ist.

10 Wenn Er nämlich nicht im Fleische erschienen wäre, wie wären die Menschen am Leben geblieben bei Seinem Anblick, die es nicht aushalten können, in die Sonne zu sehen, seiner Hände Werk, das jetzt noch besteht, einmal aber nicht mehr sein wird, und in ihre Strahlen ihr Auge zu richten? 11 Also ist der Sohn Gottes dazu im Fleische erschienen, damit Er das Sündenmaß derer vollmache, die bis zum Tode Seine Prophe-

---

41 Das weltliche Wort Herold verwendeten die Autoren des NT für die Prediger. Predigen ist „herolden", also die königliche Botschaft Gottes dem Volk verlautbaren. Paulus wurde von den Griechen deswegen für Hermes gehalten, den legendären Herold des Olymps (Apg 14,12).

42 Diese Aussage von Barnabas zitierten einige Autoren der ersten Jahrhunderte, auch Celsus, der Feind, der das Christentum verspottete und zu widerlegen versuchte. Das zeigt, wie wichtig und prominent Barnabas im frühen Christentum war, denn einen unbekannten, unbedeutenden Lehrer, den niemand las, hätte Celsus auch nicht gelesen und schon gar nicht ins Treffen geführt. Origenes verteidigte Barnabas (Gegen Celsus, Erstes Buch, K. 63).

43 Mt 9,13; Mk 2,17; Lk 5,32.

ten verfolgt haben. 12 Zu diesem Zwecke also nahm Er es (das Leiden) auf sich. Denn Gott sagt, dass die Verwundung Seines Fleisches von ihnen komme:

> *„Wenn sie ihren Hirten geschlagen haben, werden die Schafe der Herde zugrunde gehen. "*[44]

13 Er selbst aber wollte[45] auf diese Weise leiden; es war nämlich nötig, dass Er am (Kreuzes-) Holze leide, denn es sagt der Prophet über Ihn:

> *„Verschone meine Seele vom Schwerte "*[46]

und:

> *„Mit Nägeln durchbohre mein Fleisch, weil die Versammlungen der Frevler aufgestanden sind wider mich. "*[47]

14 Und wiederum sagt er:

> *„Siehe, hingehalten habe ich meinen Rücken für Geißelhiebe und meine Wangen für Schläge; mein Angesicht hielt ich hin wie einen harten Fels. "*[48]

---

44 Sach 13,6-7; Mt 26,31.

45 Soll heißen, Jesus tat es freiwillig (Joh 10,17-18).

46 Ps 21,21. Beachtet, wie Barnabas die Psalmen als prophetische Bücher betrachtet (s. auch nächstes Zitat) und deren Schreiber, etwa David, als Prophet! Auch die Apostel taten das (Apg 2,30; Mt 13,35)!

47 Barnabas kombiniert Ps 118,120 und 21,17; die Nummerierung ist - wie immer im frühen Christentum - nach der Septuaginta.

48 Jes 50,6+7 gekürzt und zusammengefasst.

VI
Weissagungen der Propheten über den Neuen Bund

1 Über die Zeit aber, nachdem Er seinen Auftrag vollbracht hat, was sagt er hierüber?

> *„Wer ist, der mit mir rechtet? Er soll mir entgegentreten! Oder wer will Klage erheben wider mich? Er soll sich nahen dem Knechte des Herrn! Wehe euch, da ihr alle altern werdet wie ein Gewand, und die Motte zernagt euch. "[49]*

2 Und wieder sagt der Prophet, da Er wie ein starker Stein gesetzt wurde als Eckstein:

> *„Siehe, ich will in die Grundmauern Sions einen kostbaren Stein legen, einen auserlesenen, einen Eckstein, einen wertvollen. "[50]*

3 Und was sagt er dann:

> *„Und wer an ihn glaubt, wird leben in Ewigkeit. "[51]*

Auf einen Stein also ist unsere Hoffnung gebaut? Das sei ferne; vielmehr (heißt es so), weil der Herr sein Fleisch stark gemacht hat. Denn Er sagt:

> *„Und er stellte mich hin wie einen harten Fels. "[52]*

4 Es sagt aber wiederum der Prophet.

> *„Der Stein, den die Bauleute verworfen haben, der ist zum Eckstein geworden. "[53]*

---

49 Jes 50,8+9.
50 Jes 28,16; vgl. Röm 9,33; 1.Petr 2,6.
51 Jes 28,16.
52 Jes. 50,7.
53 Ps 117,22; Mt 21,42; Mk 12,10;Lk 20,17; 1.Petr 2,7.

Und wiederum sagt er:

„Dies ist der große und wunderbare Tag, den der Herr
gemacht hat"[54].

5 Ich schreibe euch recht einfach, damit ihr es versteht; ich, der Abschaum eurer Liebe[55]. 6 Was sagt weiterhin der Prophet?

„Es hat mich umstellt eine Rotte von Frevlern, sie haben
mich rings umschwärmt wie die Bienen eine Wabe."[56]

und:

„Über mein Gewand haben sie das Los geworfen."[57]

7 Da Er also im Fleische sich offenbaren und leiden sollte, wurde Sein Leiden vorherverkündet. Es sagt nämlich der Prophet zu Israel:

„Wehe ihrer Seele, da sie einen bösen Ratschluß gefaßt
haben wider sich selbst, indem sie sprachen: Fesseln
wollen wir den Gerechten, da er uns im Wege ist."[58]

8 Was sagt ihnen Moses, der andere Prophet?

„Siehe, also spricht Gott der Herr: Ziehet ein in das
gute Land, welches der Herr zugeschworen hat
Abraham, Isaak und Jakob; und teilet es unter euch, das
Land, das von Milch und Honig fließt."[59]

9 Was aber sagt die Erkenntnis? Vernehmet! Hoffet, spricht sie, auf Jesus, der sich euch im Fleische offenbaren wird! Der Mensch ist nämlich leidende Erde; denn von der Erde wurde Adam gebildet.

---

54 Ps 117,24.
55 Im Sinne von „meine Liebe zu euch ist so groß, dass ich bereit bin, alles für euch zu sein und zu tun". Vgl. 1.Kor 4,13.
56 Ps 21,17; 117,12.
57 Ps 21,19.
58 Jes 3,9-11 u. Weish 2,12 kombiniert. Die heute als „Apokryphen" abgewerteten Bücher waren für die frühen Christen Teil der Heiligen Schrift.
59 Ex 33,1.3; Lev 20,24.

10 Was besagt nun der Ausdruck „in das gute Land, das von Milch und Honig fließt"? Gepriesen sei unser Herr, Brüder, der uns Weisheit und Verständnis für Seine Geheimnisse gegeben hat. Der Prophet meint nämlich im Gleichnis den Herrn; wer wird es verstehen, außer wer weise ist, voll Verständnis und voll Liebe zu seinem Herrn? 11 Als Er nun uns erneuerte durch die Befreiung von unseren Sünden, da machte Er uns zu einer anderen Art, so dass wir die Seele von Kindern haben, wie wenn Er uns ein zweites Mal geschaffen hätte. 12 Es sagt nämlich die Schrift über uns, dass Er (Gott Vater) zu Seinem Sohne spricht:

„Lasset uns nach unserem Bilde und Gleichnisse den Menschen machen, und herrschen sollen sie über die Tiere der Erde und über die Vögel des Himmels und über die Fische des Meeres."[60]

Und der Herr sprach, als Er die schön geschaffenen Menschen sah:

„Wachset und mehret euch und erfüllet die Erde."[61]

Dies alles sagte Er zum Sohn. 13 Hinwiederum will ich dir zeigen, wie er zu uns redet; eine zweite Schöpfung hat Er in letzter Zeit gewirkt. Der Herr spricht:

„Siehe, ich mache das letzte wie das erste."[62]

Auf dies hin hat der Prophet geweissagt:

„Ziehet ein in das Land, das von Milch und Honig fließt, und beherrschet es."[63]

14 Sieh nun, wir sind neu geschaffen worden, wie Er wiederum bei einem anderen Propheten sagt: *„Siehe, spricht der*

---

60 Gen 1,26.
61 Gen 1,28.
62 Entweder überliefert uns Barnabas hier ein Herrenwort, das sonst nirgendwo steht, oder er meint Aussagen wie in Mt 19,30 und 20,16.
63 Ex 33,1.3.

Herr, herausnehmen will ich von diesen", das heißt von denen
es der Geist des Herrn vorhergesehen hat, *„die steinernen Herzen, und ich werde ihnen fleischerne hineinlegen"*[64], weil Er
selbst im Fleische sich offenbaren und in uns wohnen wollte.
15 Ein heiliger Tempel nämlich, meine Brüder, ist für den Herrn
die Wohnung unseres Herzens. 16 Denn wiederum spricht der
Herr:

> *„In wem werde ich erscheinen vor dem Herrn, meinem*
> *Gott, und verherrlicht werden?"*[65]

Er sagt:

> *„Offen werde ich Dir Zeugnis geben in der Gemeinde*
> *meiner Brüder, und lobsingen werde ich Dir mitten in*
> *der Versammlung der Heiligen."*[66]

Wir also sind es, die Er geführt hat in das gute Land.

17 Was bedeutet nun „Milch und Honig"? Weil das kleine
Kind zuerst mit Honig[67], dann mit Milch am Leben erhalten
wird; indem auch wir so durch den Glauben an die Verheißung
und durch Sein Wort genährt und am Leben gehalten werden,
werden wir als Herren des Landes weiterleben. 18 Oben hat Er
gesagt: *„Und sie sollen wachsen und sich mehren und herrschen über die Fische."* Wer nun kann schon jetzt herrschen
über die Tiere oder die Fische oder die Vögel des Himmels?
Wir müssen nämlich merken, dass diese Herrschaft Sache einer
Gewalt ist, damit einer durch seine Befehle sich als Herr erwei-
se. 19 Wenn dies nicht jetzt schon der Fall ist, so hat Er uns
doch gesagt, wann; dann, wenn auch wir selbst vollkommen
genug sind, um Erben des Bundes des Herrn zu werden.

---

64 Ez 11,19; 36,26.
65 Ps 41,3.
66 Ps 21,23; 88,6.
67 Die erste Muttermilch (Kolostrum) ist gelb und dickflüssig wie Honig.

VII
Vorbilder im Alten Bund

1 Ihr merket also, Kinder der Freude, dass uns der gute Herr alles vorher geoffenbart hat, damit wir erkennen, wem wir in allem Dank und Lob schulden. 2 Wenn nun der Sohn Gottes, obwohl Er der Herr ist und einmal richten wird Lebendige und Tote[68], gelitten hat, damit Seine Wunde uns Leben schenke, so sollen wir überzeugt sein, dass der Sohn Gottes nur unseretwegen leiden konnte. 3 Aber sogar noch am Kreuze wurde Er getränkt mit Essig und Galle[69]. Höret, wie darüber die Priester des Tempels geweissagt haben. Es steht geschrieben das Gebot:

> *„Wer das Fasten nicht hält, der soll durch Tod*
> *ausgerottet werden."[70]*

So befahl der Herr, weil auch Er selbst für unsere Sünden das Gefäß des Geistes (d. i. Sein Leib) als Opfer darbringen sollte, damit auch das Vorbild in Erfüllung gehe, das geworden ist in Isaak, der auf den Opferaltar gelegt wurde. 4 Wie nun sagt Er bei dem Propheten?

> *„Und essen sollen sie von dem Bock, der mit Fasten*
> *dargebracht wird für alle Sünden."[71]*

Merket genau auf:

> *„Und essen sollen allein alle Priester das Eingeweide*
> *ungewaschen mit Essig."[72]*

---

68 2.Tim. 4,1.

69 Mt 27,34. 48.

70 Lev 23,29.

71 Vgl. Num 29,11. Dieses Prophetenwort steht, ebenso wie das nächste, nicht in unserer Schrift. Das trifft aber auch auf Mt 2,23 zu. Die Jünger Jesu kannten offensichtlich mehr Prophetenworte als wir.

72 Vgl. Lev 6,37; Num 29,11. Siehe vorherige Fußnote.

5 Wozu? Weil ihr mir, da ich für die Sünden meines neuen Volkes mein Fleisch opfern werde, *„Galle mit Essig zum Trinken geben werdet"*[73], esset ihr allein, während das Volk fastet und in Sack und Asche vor Trauer sich an die Brust schlägt, damit es zeige, dass Er durch sie leiden müsse. 6 Höret Seinen Befehl:

„Nehmet zwei schöne, einander ähnliche Böcke und
bringet sie dar, und der Priester soll den einen nehmen
zum Brandopfer für die Sünden."[74]

7 Was aber sollen sie mit dem anderen machen? „Verflucht sei", spricht Er, „der andere"[75]. Merket auf, wie sich das Vorbild Jesu offenbart.

8 *„Und ihr alle sollet ihn anspucken und schlagen und*
um seinen Kopf die rote Wolle legen, und so soll er in
die Wüste hinausgestoßen werden."[76]

Und wenn es so geschehen ist, dann bringt der Träger den Bock in die Wüste und nimmt die Wolle weg und legt sie auf einen sogenannten Brombeerstrauch, dessen Früchte wir zu essen pflegen, wenn wir sie auf dem Felde finden; nur dieser Dornstrauch trägt süße Früchte. 9 Was nun bedeutet dies? Merket auf:

„Den einen auf den Altar, den anderen als
Verfluchten."[77]

---

73 Essig mit Galle: Mt 27,34 nach dem Textus Receptus. NA schreibt hingegen „Wein mit Galle". Ein Beweis, dass die frühen Christen nicht den Text von NA verwendeten, sondern den TR.

74 Lev 16,7-9.

75 Lev 16,8-10.

76 Steht so nicht in der Schrift; dürfte eine jüd. Ergänzung des Gesetzes in Lev 16,21-22 oder mündliche Überlieferung sein. Auch Paulus überlieferte in Hebr 9,19 ein Ritual mit Details, wie etwa rote Wolle, die nicht im Pentateuch geschrieben stehen. Rote Wolle kommt im AT nicht vor, aber ein roter Strick zur Rettung in Jericho (Jos 2,18).

77 Lev 16,8-10.

Und wozu den Verfluchten mit einer Krone? Da sie Ihn (Christus) an jenem Tage sehen werden in einem roten Mantel der bis zum Boden reicht und sie sagen werden: ist das nicht der, den wir einst verachtet, geschlagen, angespieen und dann gekreuzigt haben? Wahrhaftig, der war es, der damals sagte, er sei der Sohn Gottes. 10 Wie ist Er denn jenem ähnlich? Dazu hat er „ähnliche, schöne, gleichgewachsene Böcke" verlangt, dass sie, wenn sie Ihn (Christus) einmal kommen sehen, erschrecken über die Ähnlichkeit, wie sie bei dem Bocke [vorgebildet] ist. Siehe also das Vorbild des kommenden leidenden Jesus.

11 Was aber bedeutet es, dass sie die Wolle mitten in die Dornen legen? Es ist als ein Vorbild Jesu, für die Gemeinde niedergelegt, dass nämlich, wer die scharlachrote Wolle[78] holen will, viel leiden muss, weil der Dornbusch Schrecken einflößt, und er nur mit Schmerz in deren Besitz kommt. So, sagt er, so müssen die, die mich sehen und meines Königreiches teilhaftig werden wollen, in Schmerz und Leiden mich in Besitz nehmen.

---

78 Scharlachrote Wolle kommt im AT nicht vor, sondern nur weiße, dürfte aber Teil der mündlichen Überlieferung sein, denn auch Paulus schreibt davon in Bezug auf ein Ritual (Hebr 9,19). Hier haben wir eine weitere Gemeinsamkeit von Paulus und Barnabas: beide wissen Bescheid über scharlachrote Wolle bei Opferritualen und argumentieren mit ihr, obwohl davon nichts in der Schrift steht. Die Farbe Rot soll an Blut erinnern.

VIII
Weitere Vorbilder

1 Für was für ein Vorbild haltet ihr aber das, dass dem Volke Israel befohlen worden ist: die Männer, die voll von Sünden sind, müssen eine junge Kuh darbringen, schlachten und verbrennen; dann müssen Knaben die Asche sammeln, in Gefäße bringen, die scharlachrote Wolle um ein Holz legen (siehe wiederum das Vorbild des Kreuzes und die scharlachrote Wolle!) und Ysop, und so müssen die Knaben jeden einzelnen aus dem Volke besprengen, damit sie geheiligt werden von ihren Sünden.[79]

2 Sehet, wie Er in Einfachheit zu euch redet! Das Opfertier ist Jesus Christus; die sündigen Männer, die es darbringen, bedeuten die, welche Ihn zur Schlachtung geführt haben. Doch jetzt genug von den Männern, genug des Redens über die Sünder. 3 Die besprengenden Knaben bedeuten die, welche uns die Nachlassung der Sünden und die Heiligung des Herzens verkündet haben, denen Er die Vollmacht gab, das Evangelium zu verkünden, die zwölf waren zum Zeugnis für die Stämme [es waren nämlich zwölf Stämme in Israel]. 4 Weshalb sind aber drei Knaben die Besprengenden? Zum Zeugnis für Abraham, Isaak, Jakob; denn diese sind groß vor Gott. 5 Warum aber ist die Wolle an dem Holze? Weil die Herrschaft Jesu auf dem (Kreuzes-) Holze beruht und weil die auf Ihn Hoffenden in Ewigkeit leben werden. 6 Weshalb aber Wolle und Ysop zugleich? Weil in Seiner Herrschaft böse und trübe Tage kommen werden, an welchen wir gerettet werden sollen; und weil auch der körperlich Kranke durch den trüben Saft des Ysop geheilt wird. 7 Und deshalb sind uns diese Dinge klar, jenen aber dunkel, weil sie auf die Stimme des Herrn nicht gehört haben.

---

79 Vgl. Num 19 und die vorherige Fußnote.

IX
Die Beschneidung, ein Vorbild für die Reinigung des Herzens

1 Er spricht aber wiederum über unsere Ohren, wie er unser Herz beschnitten habe. Es sagt der Herr bei dem Propheten:

„Auf das Vernehmen mit dem Ohre hin gehorchten sie mir." [80]

Und wiederum sagt Er:

„Durchs Hören werden sie in der Ferne es auffassen; was ich getan habe, werden sie erkennen." [81]

Und:

„Lasset eure Herzen euch beschneiden, spricht der Herr." [82]

2 Und wiederum sagt Er:

„Höre Israel, denn also spricht der Herr, dein Gott." [83]

Und noch einmal weissagt der Geist des Herrn:

„Wer will leben in Ewigkeit? Der höre genau auf die Stimme meines Knechtes." [84]

3 Und wiederum sagt Er:

„Höre es Himmel und vernimm es Erde, dass der Herr dieses gesprochen hat zum Zeugnis." [85]

Und wiederum sagt Er:

---

80 Ps 17,45.
81 Jes 33,13.
82 Jer 4,4.
83 Jer 7,2+3.
84 Ps 33,12-13; Vgl. Ex 15,26.
85 Jes 1,2.

„Höret das Wort des Herrn, ihr Fürsten dieses
Volkes. "[86]

Und wiederum sagt Er:

„Höret, Kinder, die Stimme des Rufenden in der
Wüste. "[87]

Also hat Er unsere Ohren beschnitten, damit wir das Wort
hören und dann glauben. 4 Aber auch die Beschneidung, auf die
sie (die Israeliten) vertraut haben, ist abgeschafft. Er sagt nämlich, die Beschneidung solle nicht am Fleische geschehen; sie
aber handelten dagegen, weil ein böser Engel sie beschwatzte.[88]
5 Er sagt zu ihnen:

„Also spricht der Herr, euer Gott [hier sehe ich ein
Gebot]: Säet nicht auf Dornen, beschneidet euch für
euren Herrn. "[89]

Und was will Er damit sagen:

„Beschneidet eure Hartherzigkeit und versteifet nicht
euren Nacken. "[90]

6 Vernimm wiederum:

„Siehe, spricht der Herr, alle (Heiden-) Völker sind
nicht beschnitten an der Vorhaut, dieses Volk aber ist
unbeschnitten am Herzen. "[91]

Aber du wirst sagen: dieses Volk ist doch beschnitten zur
Besiegelung [seines Bundes mit Gott]. Aber auch jeder Syrer
und Araber und alle Götzenpriester sind beschnitten. Dann gehören auch diese zu ihrem Bunde? Aber auch die Ägypter haben die Beschneidung. 7 Verstehet also, Kinder der Liebe, in al-

---

86 Jes 1,10.
87 Jes 40,3.
88 Vgl. Joh 7,19. 8,38.47.
89 Jer 4,3+4.
90 Dtn 10,16
91 Jer 9,25+26.

lem reichlich, dass Abraham, welcher im Geiste vorausschauend auf Jesus zuerst die Beschneidung einführte, sie vollzog, nachdem er die Lehre (Bedeutung) von drei Buchstaben erhalten hatte. 8 Er sagt nämlich:

„Und Abraham beschnitt aus seinem Hause 18 und 300 Männer."[92]

Welches ist nun die ihm verliehene Erkenntnis? Wisset, dass er zuerst die 18 nennt, dann die 300. Die 18 wird folgendermaßen notiert: zuerst I (Iota, 10) und dann η (Eta, 8), damit hast du die Initialen von Jesus (Ιησούς). Und weil das Kreuz die Gnade [unserer Erlösung] durch den Buchstaben T (Tau, 300) sinnbilden sollte,[93] nennt er auch die 300. Er offenbart nun in den zwei Buchstaben Jesus, in einem das Kreuz.[94]

9 Das weiß der, welcher das Geschenk seiner Lehre uns eingegossen und in uns gelegt hat.[95] Niemand zwar hat eine echtere Unterweisung von mir empfangen; aber ich weiß, dass ihr dessen würdig seid.

A, α	B, β	Γ, γ	Δ, δ	E, ε	Ϛ, ϛ	Z, ζ	H, η	Θ, θ
1	2	3	4	5	6	7	8	9
I, ι	K, κ	Λ, λ	M, μ	N, ν	Ξ, ξ	O, o	Π, π	ϟ, ϟ
10	20	30	40	50	60	70	80	90
P, ρ	Σ, σ	T, τ	Y, υ	Φ, φ	X, χ	Ψ, ψ	Ω, ω	ϡ, ϡ
100	200	300	400	500	600	700	800	900

Das Griechische Alphabet und seine Zahlenwerte (milesisch).

---

92 Gen 17,23-27.14,14.

93 Der griechische Buchstabe Tau deutet von seiner Form ein Kreuz an.

94 Dass man aus Buchstaben Zahlen bildet, war den frühen Christen eine bekannte Übung (Vgl. Offb 13,18). Sie nahmen dafür das griechische Alphabet, nicht das hebräische.

95 Diese Lehre hat Barnabas demnach vom Herrn selbst. Können wir heute ermessen, was Jesus Seine Jünger alles lehrte nachdem Er ihnen das Verständnis öffnete? Vgl. Lk 24,44ff; Joh 21,25.

X
Die Speisegebote sind symbolisch aufzufassen

1 Wenn aber Moses gesagt hat:

„Ihr sollet das Schwein nicht essen, noch Adler, noch
Habicht, noch Raben, noch einen Fisch, der keine
Schuppen an sich hat"[96],

so hat er damit in geistigem Sinne drei Lehren gegeben.

2 Ferner sagt er ihnen im Deuteronomium[97]:

„Und ich werde diesem Volke meine Satzungen
darlegen."[98]

Ist es also nicht ein Gebot Gottes das alles nicht zu essen? Das ist es, vielmehr aber hat Moses im geistigen Sinn gesprochen. 3 Das Schwein nun nannte er in diesem Sinne: der Mensch soll nicht verkehren mit Leuten. die den Schweinen ähnlich sind; denn wenn sie in Fülle haben, vergessen sie den Herrn, wenn sie aber Mangel haben, anerkennen sie den Herrn, genau wie das Schwein; solange es zu fressen hat, kennt es seinen Herrn nicht; wenn es aber Hunger leidet, dann raunzt es, und sobald es [Futter] bekommen hat, schweigt es wieder.

4 *„Auch sollst du nicht essen", sagt er, „den Adler, den*   ·
Habicht, den Geier, den Raben."[99]

Er will sagen: Verkehre nicht mit solchen und sei ihnen nicht ähnlich, die nicht wissen, mit Mühe und Schweiß sich das Brot zu verdienen, sondern die in ihrer Gesetzwidrigkeit Fremdes rauben, die zwar scheinbar in Unschuld einhergehen, dabei aber spähen und umschauen, wen sie ausziehen könnten in ih-

---

96 Lev 11,7ff; Dtn 14,8-9.11.
97 Siehe Anhang zur Bedeutung der Namen des Pentateuchs.
98 Dtn 4,1.5.
99 Lev 11,13-16.

rer Habsucht, genau wie nur diese Vögel sich ihre Nahrung nicht erwerben, sondern müßig sitzend darauf lauern, wie sie fremdes Fleisch verzehren können, eine wahre Pest durch ihre Schlechtigkeit.

5 *„Auch sollst du nicht essen den Meeraal, den Polypen, den Tintenfisch."*[100]

Er will sagen, du sollst durch deinen Verkehr nicht ähnlich werden solchen Leuten, die gottlos sind bis zum äußersten und jetzt schon dem Tode geweiht, genau wie diese Fischarten allein dazu verflucht sind, in der Meerestiefe zu schwimmen, und nicht bloß untertauchen wie die übrigen, sondern tief unten auf dem Meeresgrund hausen.

6 Aber auch den Hasen sollst du nicht essen.[101] Weshalb? Er will sagen, du sollst kein Kinderschänder werden noch solchen ähnlich werden, denn der Hase vervielfältigt Jahr für Jahr die Orte seiner Empfängnis; denn so viele Jahre er lebt, so viele hat er. 7 Aber auch die Hyäne sollst du nicht essen. Er will sagen, du sollst kein Ehebrecher oder Knabenschänder oder etwas Derartiges werden. Weshalb? Weil dieses Tier jährlich sein Geschlecht ändert und bald männlich, bald weiblich wird. 8 Aber auch das Wiesel[102] verabscheut er mit gutem Grunde; er will sagen, du sollst nicht werden wie Leute, von denen man hört, dass sie aus Lasterhaftigkeit mit dem Munde Unzucht treiben, weil sie unrein sind, und du sollst nicht mit den verdorbenen Weibern verkehren, die mit ihrem Munde das Böse tun; denn dieses Tier empfängt mit dem Mund.[103]

---

100 Lev 11,10.

101 Lev 11,5.

102 Lev 11,29.

103 Wir lernen hier, wofür die Tiere sinnbildlich stehen. Wenn das heute aus zoolog. oder humanist. Sicht anders gesehen wird, sind z.B. Hase und Kaninchen immer noch Symbole hemmungsloser Unzucht und Unmoral (Playboy, etc.). Andere Tiere stehen heute noch für parasitäres Verhalten, Egoismus, Hinterlist, Diebstahl, Raub und Mord (Blutegel, Bandwurm, Kuckuck, Rabe, Elster, Fuchs, Wolf, Zecke, Schwarze Witwe, u.v.a.).

9 Nachdem Moses die drei Lehrpunkte empfangen hatte, hat er über die Speisen im geistlichen Sinne gesprochen; sie verstanden es nach der Begierlichkeit ihres Fleisches so, als rede er [buchstäblich] nur vom Essen. 10 Von denselben drei Lehrpunkten bekam auch David das rechte Verständnis, und er sprach ähnlich: „Glückselig der Mann, der nicht wandelte im Rate der Gottlosen", wie auch die Fische in der Finsternis der Tiefe wandeln, „und nicht betrat den Weg der Sünder", wie die, die behaupten den Herrn zu fürchten, aber in die Irre gehen wie die Säue, „und sich nicht setzte auf den Sitz derer, die die Pest sind"[104], wie die Vögel, die da sitzen, um zu rauben. Ergreift diese geistliche Erkenntnis vollständig und fest.

11 Wiederum sagt Moses:

„Essen dürft ihr alle wiederkäuenden Paarhufer."[105]

Was bedeutet dies? Weil [diese Tiere], wenn sie ihr Futter bekommen, ihren Ernährer kennen, und wenn sie aufhören [zu fressen], sich über ihn zu freuen scheinen. Trefflich hat er also gesprochen mit Rücksicht auf das Gebot.

Was sagt er nun? Verkehret mit den Gottesfürchtigen, mit denen, die nachdenken in ihren Herzen über die Bestimmung des Gesetzes, die sie empfangen haben; mit denen, die sprechen über die Satzungen des Herrn und sie beobachten, die wissen, dass das Nachsinnen ist ein Werk der Freude und die das Wort des Herrn (sozusagen) wiederkäuen. Was bedeutet aber „Paarhufer"? Dass der Gerechte sowohl auf dieser Welt wandelt als auch die selige Ewigkeit erwartet. Ihr sehet, wie trefflich Moses seine Gesetze gegeben hat.

12 Aber woher sollten jene das erkennen und verstehen? Wir aber haben die Gebote recht verstanden und reden darüber so, wie der Herr es wollte. Deshalb hat der Herr unsere Ohren und Herzen beschnitten, damit wir dieses verstehen.

---

104 Ps 1,1.

105 Lev 11,3; Dtn 14,6.

XI
Vorbilder für das Kreuz und die Taufe

1 Lasset uns aber untersuchen, ob dem Herrn daran gelegen war, über das Wasser und über das Kreuz im Voraus etwas zu offenbaren. Über das Wasser steht an Israel geschrieben, wie sie die Taufe, die Vergebung der Sünden bringt,[106] nicht annehmen werden, sondern wie sie andere Gebräuche für sich einführen werden. 2 Es sagt nämlich der Prophet:

„Entsetze dich Himmel und noch mehr schaudere darüber die Erde, dass zwei Verbrechen begangen hat dieses Volk: mich haben sie verlassen, den Quell des Lebens, und gegraben haben sie sich eine Zisterne des Todes."[107]

3 *„Ist etwa ein verlassener Fels mein heiliger Berg Sion? ihr werdet sein wie die Jungen eines Vogels, die, des Nestes beraubt, auffliegen."[108]*

4 Und wiederum sagt der Prophet:

„Ich werde vor dir herziehen und werde Berge ebnen, eherne Tore sprengen, eiserne Riegel zerbrechen, und geben werde ich dir geheime, verborgene, unsichtbare Schätze, damit sie erkennen, dass ich bin Gott der Herr."[109]

5 Und:

„Wohnen wirst du in hochgelegener Höhle eines festen Felsens, und sein Wasser ist getreu; ihr werdet den König in Herrlichkeit schauen, und eure Seele wird

---

106 Mk 1,4; Lk 3,3; Apg 2,38.
107 Wörtlich: „Zisterne, die Risse hat und das Wasser nicht halten kann." Ohne Wasser ist sie am Ende eine Zisterne des Todes. Jer 2,12-13.
108 Jes 16,1-2.
109 Jes 45,2-3.

sinnen auf Furcht des Herrn. "[110]

6 Und wiederum sagt Er bei einem anderen Propheten:

„Und wer dieses tut, wird sein wie ein Baum, gepflanzt an fließendes Wasser, der seine Frucht bringt zu seiner Zeit, und seine Blätter werden nicht abfallen, und alles, was er tut, wird gut vorwärts gehen. 7 Nicht so die Gottlosen, nicht so, sondern wie der Staub, den der Wind wegrafft von (dem Antlitz) der Erde. Deshalb werden sich die Gottlosen nicht erheben beim Gerichte noch die Sünder im Rate der Gerechten, weil der Herr den Weg der Gerechten kennt, und der Weg der Gottlosen wird verloren sein. "[111]

8 Bemerket, wie Er damit das Wasser und das Kreuz zugleich beschrieben hat. Dies nämlich sagt Er: Glückselig, die auf das Kreuz hoffend ins Wasser stiegen, weil ich ihren Lohn - Er sagt „zu seiner Zeit", Er will sagen „dereinst" - bezahlen werde. Für jetzt aber wollen die Worte „seine Blätter werden nicht abfallen" besagen, dass jedes Wort, das euch aus eurem Munde in Glauben und Liebe ausgeht, vielen zur Bekehrung und Hoffnung dienen wird. 9 Und wiederum sagt ein anderer Prophet:

„Und das Land Jakobs war gelobt vor allen Ländern. "[112]

Das will sagen, er verherrlicht das Gefäß seines Geistes (d. i. d. Leib Christi).[113] 10 Was sagt Er sodann?

„Und es war ein Fluss zur Rechten sich hinziehend, und aus ihm ragten auf stattliche Bäume, und wer von ihnen isst, wird in Ewigkeit leben. "[114]

---

110 Jes 33,16-18.
111 Ps 1,3-6.
112 Wir haben dieses Prophetenwort heute nicht mehr. Siehe FN zu VII,4.
113 Siehe VII,3.
114 Ez 47,1.12; Ps 21,27.

11 Das sagt Er, weil wir hinabsteigen in das Wasser voll von Sünden und Schmutz, und heraufsteigen Früchte bringend in unserem Herzen, da wir haben die Furcht [Gottes] und die Hoffnung auf Jesus im Geiste.

„Und wer von diesen isst, wird leben in Ewigkeit"[115]

besagt dieses: Wer immer, so meint Er, diese Worte hört und glaubt, wird leben in Ewigkeit.[116]

---

[115] Barnabas bezieht sich auf die eben zitierte Stelle aus Ezechiel 47, lässt aber auch die Worte des Herrn anklingen (Joh 6,51.58).

[116] Vgl. Apg 2,38-41. Gottes Wort hören, darüber nachdenken und es glauben (befolgen) wird in der Heiligen Schrift gern mit essen und verdauen verglichen. Das haben wir heute noch in Redewendungen, wenn wir sagen, dass gewisse Worte „schwer verdaulich", „harte Kost", süß oder bitter seien. Oder dass sie „runter gehen wie Öl (bzw. Butter)".

XIIBarnabasbrief

XII
Das Kreuz Christi wird im Alten Testament häufig angekündigt

1 Ähnlich spricht Er wieder bestimmt vom Kreuze Christi bei einem anderen Propheten, der sagt:

„ Und wann wird dies vollendet werden? Der Herr spricht: Wenn einmal das Holz sich neigt und wieder aufsteht, und wenn aus dem Holze Blut träufelt. "[117]

Da hast du wieder (eine Weissagung) über das Kreuz und den, der gekreuzigt werden soll. 2 Wiederum sagt Er dem Moses, als Israel bekriegt wurde von den fremden Völkern und damit Er sie erinnere im Kriege, dass sie wegen ihrer Sünden dem Tode überliefert seien; es spricht der Geist in das Herz des Moses, damit er ein Vorbild des Kreuzes und dessen, der leiden sollte, aufstelle, dass sie nämlich ewig unter Krieg zu leiden hätten, wenn sie nicht auf Ihn hoffen. Moses legte also Schild auf Schild mitten in der Schlacht, stellte sich darauf, bis er alle anderen überragte. Solange er die Arme ausbreitete, siegte Israel, dann, wenn er die Arme sinken ließ, ging es ihnen ans Leben.[118] 3 Wozu? Damit sie erkennen, dass sie nicht gerettet werden können, außer sie hoffen auf Ihn.

4 Und wiederum sagt Er bei einem anderen Propheten:

„Den ganzen Tag streckte ich meine Hände aus gegen ein ungehorsames Volk, das meinem gerechten Wege widerspricht. "[119]

---

117 4.Esdr 4,35. 5,5.

118 Ex 17,11. Der Hügel, auf dem Moses, Aaron und Hor standen, war laut Barnabas offenbar ein von Menschen errichteter aus Schilden und hatte eine geistliche Bedeutung.

119 Jes 65,2.

5 Und nochmals gab Moses, als Israel dahinstarb, ein Vorbild von Jesus, dass Er leiden müsse und dass gerade Er lebendig machen werde, von dem sie glauben werden, sie hätten Ihn am Zeichen (des Kreuzes) getötet. Der Herr ließ sie nämlich von jener Schlange beißen, und sie starben dahin, (da ja einmal die Sünde durch die Schlange in Eva geschehen ist), damit Er ihnen zeige, dass sie wegen ihrer Übertretungen der Todesnot anheimfallen werden. 6 Obwohl überdies Moses das Gebot gegeben hatte:

„Ihr sollt kein Bild von eurem Gott, weder ein
gegossenes noch ein geschnitztes, haben"[120],

so machte er doch selbst ein solches, damit er ein Vorbild Jesu zeige. So machte denn Moses eine eherne Schlange, stellte sie recht sichtbar auf und ließ durch Herolde[121] das Volk zusammenrufen. 7 Wie sie nun versammelt waren, baten sie Moses, er solle für ihre Heilung ein Gebet empor schicken. Moses aber sprach zu ihnen:

„Wenn einer gebissen ist, soll er zu der Schlange
kommen, die auf dem Feldzeichen hängt, und er soll
hoffen im Glauben, dass sie ihn am Leben erhalten
könne, obschon sie selbst tot ist, und sogleich wird er
gerettet werden."[122]

Und so taten sie. Wiederum findest du auch hierin die Ehre Jesu, dass in Ihm alles ist und auf Ihn alles geht. 8 Was sagt wiederum Moses zu Jesus, dem Sohne des Nave[123], da er ihm

---

120 Dtn 27,15.

121 Die Herolde sind eine Anspielung auf die Apostel und Prediger im NT, die sich auch Herolde nannten. Griech. Κήρυκας (kerykas) heißt übersetzt Herold, Ausrufer, Prediger.

122 Num 21,8-9.

123 In der LXX und im NT heißt Moses Nachfolger „Jesus, Sohn des Nave". Das zeigte den Aposteln und deren Schülern, den frühen Christen, den tiefen geistlichen Zusammenhang vom Alten und Neuen Bund. Dieser wurde unsichtbar als die späteren Christen „Josua, Sohn Nuns" daraus machten in ihren Bibeln und das Buch „Jesus" umbenannten in „Josua".

diesen Namen beilegte, als einem Propheten, nur damit das ganze Volk höre, dass der Vater alles offenbare über Jesus, seinen Sohn? 9 Moses sagte also zu Jesus, dem Sohne des Nave, nachdem er ihn so genannt hatte, als er ihn fortschickte, das Land auszukundschaften:

> *„Nimm ein Buch in deine Hände und schreibe, was der Herr sagt, dass der Sohn Gottes am Ende der Tage mit der Wurzel ausrotten wird das ganze Haus der Amalekiter."*[124]

10 Siehe, wieder ist Jesus, nicht als der Sohn eines Menschen, sondern als Gottes Sohn, aber durch ein Vorbild im Fleische geoffenbart. Weil sie aber nun voraussichtlich sagen werden, dass der Christus Davids Sohn sei[125], weissagt David selbst in dieser Furcht und in der Erkenntnis des Irrtums der Sünder (der Juden):

> *„Es hat gesprochen der Herr zu meinem Herrn, setze dich zu meiner Rechten, bis ich deine Feinde lege zum Schemel deiner Füße."*[126]

Und wiederum sagt Esaias[127]:

> *„Gesprochen hat der Herr zu meinem Herrn, dem Christus, dessen Rechte ich ergriffen habe, dass ihm die Völker gehorchen, und ich werde die Macht von Königen zerbrechen."*[128]

Siehe, wie David ihn Herr nennt, aber nicht Sohn.[129]

---

124 Ex 17,14.
125 Mt 22,42; Mk 12,35; Lk 20,41.
126 Ps 109,1.
127 Griechische Version von Jesaja. Siehe Anhang.
128 Jes 45,1.
129 Mt 22,42-46; Mk 12,35-37; Lk 20,41-44; Apg 2,34-36.

XIII
Das Christentum ist Erbe des Alten Bundes

1 Wir wollen sehen, ob dieses (unser) Volk[130] Erbe ist oder das erste, und ob der Bund für uns da ist oder für jene. 2 Höret also, was die Schrift über das Volk sagt:

> *„Isaak betete für sein Weib Rebekka, weil sie unfruchtbar war; und sie empfing."[131]*

Sodann:

> *„Und Rebekka ging hinaus, um den Herrn zu fragen, und es sprach der Herr zu ihr: Zwei Stämme sind in deinem Leibe und zwei Völker in deinem Mutterschoße, und ein Volk wird das andere übertreffen, und das ältere wird dem jüngeren dienen."[132]*

3 Ihr müsst verstehen, wer Isaak war, wer Rebekka, und bezüglich wessen Volk er sagte, dass dieses Volk größer sein werde als jenes. 4 Und in einer anderen Weissagung spricht Jakob deutlicher zu seinem Sohn Joseph mit den Worten:

> *„Siehe, der Herr hat mich deines Angesichtes nicht beraubt, führe her zu mir deine Söhne, damit ich sie segne."[133]*

5 Und er führte herzu Ephraim und Manasse mit dem Ziel, dass Manasse gesegnet werde, weil er der ältere war. Mit dieser Absicht führte Joseph ihn daher an die rechte Hand seines Vaters Jakob. Jakob aber sah im Geiste ein Vorbild des kommenden Volkes. Und was sagt die Schrift?

> *„Und Jakob kreuzte seine Hände und legte seine rechte*

---

130 Gemeint sind die Christen.
131 Gen 25,21.
132 Gen 25,23; Röm 9,10-12.
133 Gen 48,11. 9.

auf das Haupt Ephraims, des zweiten und jüngeren, und
segnete ihn. Und Joseph sprach zu Jakob: Lege deine
Rechte auf Manasses Haupt, weil es mein erstgeborener
Sohn ist. Und Jakob sprach zu Joseph: Ich weiß es,
mein Sohn, ich weiß es; aber der ältere wird dem
jüngeren dienen, und dieser wird gesegnet werden. "[134]

6 Sehet, auf wen er [seine rechte Hand] gelegt hat, damit dieses Volk das erste und Erbe seines Bundes sei. 7 Wenn nun auch noch durch Abraham das Selbe angedeutet wurde, erreichen wir das Vollmaß unserer Erkenntnis. Was sagt nun der Herr dem Abraham, als es ihm zur Gerechtigkeit angerechnet wurde, dass er allein glaubte?

„Siehe, ich habe dich, Abraham, gemacht zum
Stammvater der Völker, die an den Herrn glauben,
obwohl sie unbeschnitten sind. "[135]

---

[134] Gen 48,13-19.
[135] Gen 15,6. 17,5; Röm 4,3.9-11;

XIV
Das Königreich Gottes ist von den Juden auf die Christen übergegangen

1 Gut so! Aber wir wollen sehen, ob der Herr den Bund wirklich gegeben hat, von dem Er den Vätern geschworen, dass Er ihn dem Volke gebe. Er gab ihn; aber wegen ihrer Sünden waren sie nicht würdig, ihn zu empfangen.[136] 2 Denn der Prophet sagt:

„Und Moses fastete auf dem Berge Sina, um zu holen den Bund des Herrn an sein Volk, vierzig Tage und vierzig Nächte lang.“[137]

„Und Moses empfing die zwei Tafeln, die mit dem Finger des Herrn geschrieben waren im Geiste“[138];

und Moses nahm sie und trug sie herab, um sie dem Volke zu geben.

3 *„Und der Herr sprach zu Moses: »Moses, Moses, steige eilends hinab; denn das Volk, das du aus Ägypten herausgeführt hast, hat das Gesetz übertreten.« Und Moses erkannte, dass sie sich wieder eherne Bilder gegossen hatten, und er schleuderte die Tafeln aus seinen Händen, und die Tafeln des Bundes des Herrn zerbrachen“[139].*

4 Moses hatte ihn (den Bund) zwar empfangen, aber sie waren dessen nicht würdig. Vernehmet, wie wir ihn empfangen haben. Moses empfing ihn als sein Diener,[140] aber der Herr selbst hat ihn uns gegeben, dass wir seien ein Erbvolk, da Er

---

136 Mt 21,43.
137 Ex 24,18.
138 Ex 31,18.
139 Ex 32,7.19; Dtn 9,12.
140 Vgl. Hebr 3,5.

unseretwegen gelitten hat. 5 Er erschien aber, damit einerseits jenen das Maß ihrer Sünden voll würde, andererseits wir ihn empfingen durch den Herrn Jesus, des Bundes Erben, der dazu bestimmt war, dass Er durch sein Erscheinen unsere schon dem Tode geweihten und der Gesetzwidrigkeit des Irrtums überantworteten Herzen aus der Finsternis erlöse und durch Sein Wort in uns den Bund errichte. 6 Es steht nämlich geschrieben, wie Sein Vater Ihm den Auftrag gibt, dass Er uns aus der Finsternis erlösen und Ihm ein heiliges Volk bereiten soll. 7 Es sagt also der Prophet:

„Ich, der Herr, dein Gott, habe dich gerufen in Gerechtigkeit, und ich will deine Hand ergreifen und dich stark machen, und ich habe dich gemacht zum Bunde für das Volk, zum Licht für die Heiden, zu öffnen die Augen von Blinden und zu befreien Gefangene von ihren Fesseln und aus dem Kerker, die im Finstern sitzen."[141]

Wir erkennen also, aus welcher Lage wir erlöst worden sind. 8 Und wiederum sagt der Prophet:

„Siehe, ich habe dich zum Licht für die Völker gesetzt, damit du seiest zur Erlösung bis an die Grenzen der Erde, so spricht der Herr, dein Gott, der dich erlöst."[142]

9 Und wiederum sagt der Prophet:

„Der Geist des Herrn ist über mir deshalb, weil er mich gesalbt hat, Armen frohe Botschaft zu bringen, mich gesandt hat zu heilen, die zerknirschten Herzens sind, zu verkünden Gefangenen Freilassung, Blinden neues Augenlicht, auszurufen das angenehme Jahr des Herrn und den Tag der Vergeltung, zu trösten alle Trauernden."[143]

---

141 Jes 42,6-7; 2.Kön (2.Sam) 22,44.
142 Jes 49,6-7.
143 Jes 61,1-2; Lk 4,18-19.

XV
An Stelle des jüdischen Sabbates trat der christliche Sonntag

1 Ferner ist auch über den Sabbat geschrieben in den zehn Geboten, in denen der Herr auf dem Berge Sina zu Moses von Angesicht zu Angesicht gesprochen hat:

„Und heiliget den Sabbat des Herrn mit reinen Händen und reinem Herzen."[144]

2 Und an einer anderen Stelle sagt Er:

„Wenn meine Söhne den Sabbat halten, dann will ich mein Erbarmen hingeben über sie."[145]

3 Den Sabbat erwähnt Er am Anfang der Schöpfung:

„Und Gott vollendete in sechs Tagen seine Werke, die er gemacht hat, und er ruhte am siebten Tag von all seinen Werken, die er gemacht hatte."[146]

4 Merket auf Kinder, was bedeutet das *„in sechs Tagen vollendete er sie"*. Das heißt, dass in sechstausend Jahren der Herr alles vollenden wird; denn der Tag bedeutet bei ihm tausend Jahre. Er selbst bezeugt mir das, wenn er sagt:

„Siehe, ein Tag des Herrn wird sein wie tausend Jahre."[147]

Also Kinder, in sechs Tagen, (das heißt) in sechstausend Jahren wird alles vollendet sein. 5 Und am siebten Tage ruhte

---

144 Ex 20,8; Dtn 5,12.

145 Jer 17,24+25.

146 Gen 2,2 nach der LXX! Im MT vollendete Gott die Erde am siebenten Tag, nicht am sechsten. Damit ist wieder einmal gezeigt, dass die frühen Christen nur die LXX lasen und daraus lehrten, denn nur dort ist das vorgebrachte Argument sichtbar.

147 Ps 89,4; 2.Petr 3,8.

Er. Das heißt: Wenn sein Sohn kommt und der Zeit des Bösen ein Ende machen und die Gottlosen richten und die Sonne, den Mond und die Sterne umändern wird, dann wird Er ruhmvoll ruhen am siebten Tage. 6 Fernerhin sagt Er:

„Du sollst ihn heiligen mit reinen Händen und reinem Herzen."[148]

Wenn nun jemand den Tag, den der Herr geheiligt hat, jetzt schon heiligen kann mit reinem Herzen, dann sind wir völlig im Irrtum. 7 Siehe, dass wir erst dann recht ruhen und ihn heiligen werden, wenn wir dazu imstande sind, weil wir selbst gerechtfertigt sind und das Evangelium empfangen haben, wenn es kein Unrecht mehr gibt, vielmehr alles vom Herrn neu geschaffen ist; erst dann also werden wir ihn heiligen können, wenn wir selbst zuerst geheiligt sind.[149] 8 Zudem aber sagt Er ihnen:

„Eure Neumonde und eure Sabbate ertrage ich nicht mehr."[150]

Sehet, wie Er sagt: Nicht die jetzigen Sabbate sind mir angenehm, sondern den ich eingesetzt habe, an dem ich, nachdem ich alles beendigt habe, den Anfang des achten Tages, das heißt den Beginn einer anderen Welt ansetzen werde. 9 Deshalb begehen wir auch den achten Tag [den Sonntag, den ersten Tag der neuen Woche] in Freude, an dem auch Jesus von den Toten auferstanden und, nachdem Er sich geoffenbart hatte, in den Himmel aufgestiegen ist.

---

148 Ex 20,8.
149 Hebr 4,6-11.
150 Jes 1,13.

XVI
An Stelle des steinernen Tempels der Juden trat der geistige Tempel der Christenherzen

1 Auch über den Tempel will ich noch zu euch reden, wie die Unglücklichen [Juden] in ihrem Irrtum ihre Hoffnung setzten auf den Bau, als wäre er das Haus Gottes, statt dass sie auf ihren Gott, der sie erschaffen, gehofft hätten. 2 Denn fast nach Art der Heiden haben sie Ihn verehrt in dem Tempel.[151] Aber höret, wie der Herr spricht, wenn Er ihn abschafft:

„Wer hat den Himmel gemessen mit der Spanne oder die Erde mit der hohlen Hand? Nicht ich? Es spricht der Herr: Der Himmel ist mein Thron, die Erde der Schemel meiner Füße. Was für ein Haus wollt ihr mir erbauen oder was soll der Ort meiner Ruhe sein?"[152]

Erkennt, wie ihre Hoffnung vergeblich ist 3 Ferner sagt Er:

„Siehe, die diesen Tempel zerstörten, werden ihn selbst wieder aufbauen."[153]

4 Das trifft ein. Denn weil sie Krieg führten, wurde der Tempel von ihren Feinden zerstört; jetzt werden gerade die Untertanen der Feinde[154] ihn wieder aufbauen. 5 Wiederum ist geoffenbart worden, dass die Stadt, der Tempel und das Volk Israel dem Untergang anheimgegeben werden soll. Es sagt nämlich die Schrift:

„Und es wird geschehen am Ende der Tage, und der Herr wird übergeben die Schafe der Weide, ihren Stall und ihren Turm dem Untergang."[155]

---

151 Soll heißen: Sie verehrten den Tempel mehr als Gott.
152 Jes 40,12; 66,1.
153 Jes 49,17.
154 Die Feinde (der Juden) sind die Römer, deren Untertanen die Christen.
155 Hen 89,56. 66-67.

Und es geschah, wie der Herr gesagt hatte. 6 Untersuchen wir nun aber, ob es einen Tempel Gottes gibt. Es gibt einen da, wo Er selbst ihn zu bauen und aufzurichten bezeugt. Es steht nämlich geschrieben:

„ Und es wird geschehen, wenn die Woche zu Ende geht,
wird der Tempel prachtvoll erbaut werden auf den
Namen des Herrn. "[156]

7 Ich finde also, dass es einen Tempel gibt. Wie er nun wird erbaut werden auf den Namen des Herrn, das vernehmet. Bevor wir nämlich unserem Gotte glaubten, war die Wohnung unseres Herzens dem Verderben zugänglich und schwach, wie ein wirklich von Händen erbauter Tempel, weil es voll war von Götzendienst und weil es war eine Behausung für Dämonen, weil wir taten, was Gott zuwider war.

8 Er wird aber aufgebaut werden auf den Namen des Herrn. Gebet aber acht, auf dass der Tempel des Herrn prachtvoll aufgebaut werde. Wie? Das vernehmet! Da wir Erlassung der Sünden erlangten und gehofft haben auf den Namen des Herrn, sind wir neu geboren worden, wiederum von neuem geschaffen; deshalb wohnt in uns im Gemache (unseres Herzens) Gott wahrhaftig. 9 Wieso? Sein Wort der Treue, Seine Berufung zur Verheißung, die Weisheit Seiner Satzungen, die Forderungen Seiner Lehre, ja Er selbst, der in uns weissagt, Er selbst, der in uns wohnt, der uns, dem Tode Unterworfenen, die Türe des Tempels, das ist den Mund öffnet, der uns Bußgeist verleiht, Er zieht ein in den unvergänglichen Tempel. 10 Denn wer nach dem Heile sich sehnt, schaut nicht auf den Menschen, sondern auf den, der in ihm wohnt und spricht, erstaunt darüber, dass er seither weder die Worte einmal vernommen aus dem Munde des Redenden, noch dass er selbst bisher sich gesehnt habe, sie zu hören. Das ist der geistige Tempel, erbaut für den Herrn.

---

156 Dan 9,24-27; Hag 2,18.

XVII
Abschluß des ersten Teiles des Briefes

1 Soweit es möglich war, in einfacher Weise euch aufzuklären, hofft meine Seele, dass ich in meinem Bestreben nichts übergangen habe, was zum Heile dienlich ist. 2 Wenn ich euch über die gegenwärtigen und künftigen Dinge schreiben würde, (so fürchte ich,) ihr würdet es nicht verstehen, weil es in Geheimnissen verborgen liegt. Das habe ich also auf diese Weise erledigt.

XVIII
Zweiter Teil: Die beiden Wege

1 Nun wollen wir aber übergehen zu einer anderen Art von Erkenntnis und Lehre.

Es gibt zwei Wege der Lehre und der Herrschaftsgewalt, nämlich den des Lichtes und den der Finsternis.[157] Der Unterschied zwischen den beiden Wegen aber ist groß. Auf dem einen sind nämlich aufgestellt lichttragende Engel Gottes, auf dem anderen aber Engel des Teufels[158]. 2 Und jener ist Herr von Ewigkeit zu Ewigkeit,[159] dieser aber ist der Fürst[160] dieser gegenwärtigen, gottlosen Zeit.

---

157 Didache K. I-VI; Apost. Const., Siebentes Buch, K. 1-6.
158 Vgl. 2.Kor 12,7.
159 Hebr 1,8; 1.Tim 1,17; 1.Petr 5,11; Offb 1,6. 5,13. 11,15.
160 Joh 14,30.16,11.

XIX
Der Weg des Lichtes

1 Der Weg des Lichtes nun ist dieser:

Wenn einer seinen Weg gehen will bis zum vorgesteckten Ziele[161], so soll er sich beeilen durch seine Werke.[162]

Die Erkenntnis nun, die uns gegeben wurde darüber, wie wir auf diesem Wege wandeln müssen, ist also:

2 Liebe den, der dich erschaffen,[163] fürchte den, der dich gebildet,[164] verherrliche den, der vom Tode dich erlöst hat![165] Sei geraden Herzens und reich im Geiste![166] Verkehre nicht mit denen, die wandeln auf dem Wege des Todes![167] Hasse alles, was Gott nicht gefällt, hasse jegliche Heuchelei![168] Versäume nichts von Gottes Geboten![169]

3 Erhebe dich nicht selbst, denke demütig in jeglicher Hinsicht, schreibe dir selbst keine Ehre zu![170] Fasse keinen bösen Anschlag wider deinen Nächsten![171] Gestatte deiner Seele keine Anmaßung![172]

---

161 Phil 3,14; Hebr 2,1; Apg 20,24; 2.Tim 2,4+5. 4,7.

162 Jak 2,14ff. 3,13; Tit 2,7.14. 3,8; Mt 5,16; Sir 30,31; Joh 3,21; Hebr 10,24.

163 Dtn 6,5. 11,1; Sir 1,10. 7,30. 25,12; Mt 22,37; 1. Joh 5,2+3.

164 Koh 3,14. 5,6. 12,13; Ps 33,10. 111,1; Lk 12,4+5; 1.Petr 2,17; Offb 14,7.

165 Ps 70,23. 102,2-4. 106,1+2.

166 Sir 2,1. 29,11; Mt 6,20; 2.Kor 6,10.

167 3.Kön 11,2; Ps 1; Sir 8,15; Spr 1,15-16. 24,1; 1.Kor 5,11; 2.Kor 6,14-18; 1.Tim 6,5.

168 Ps 25,5. 96,10; Spr 8,13; Sir 17,26; Am 5,15; Röm 12,9; Offb 2,6.

169 Dtn 4,40. 5,29; Ps 118,60; Sir 6,37; Mt 5,19.

170 Ex 18,21 (LXX); Sir 1,30. 10,6. 11,4. 26,26; Jes 13,11. Röm 11,18.

171 Sach 8,17

172 Ps 31, 24; Spr 21,24; 2.Petr 2,10.

4 Treibe nicht Unzucht, Ehebruch, Knabenschändung![173] Das Wort Gottes rede nicht in Unreinheit![174] Schau nicht auf die Person, wenn du jemand zurechtweisest über einen Fehltritt![175] Sei milde, ruhig, zittere vor den Worten, die du gehört hast![176] Deinem Bruder trage Böses nicht nach![177] 5 Zweifle nicht, ob etwas geschehen soll oder nicht![178] „Du sollst den Namen Gottes nicht für nichtiges auf die Lippen nehmen"[179]! Liebe deinen Nächsten mehr als deine eigene Seele![180] Töte das Kind nicht durch Abtreibung, noch auch töte das Neugeborene![181] Ziehe deine Hand nicht zurück von deinem Sohne oder von deiner Tochter, sondern lehre sie von jung auf die Furcht Gottes![182]

6 Begehre nicht den Besitz deines Nächsten,[183] werde nicht habsüchtig![184] Geselle dich nicht in deinem Herzen zu den Hochmütigen, sondern verkehre mit den Demütigen und Ge-

---

173 Ex 20,14; Lev 20,10; Dtn 5,18; Spr 6,32; Tob 4,12; Mt 5,27.15,19. 19,18; Mk 7,21f.10,19; Lk 18,20; Apg 15,20; Röm 13,13; 1.Kor 6,9f.18. 10,8; Gal 5,19; Eph 5,3; Kol 3,5; 1.Thess 4,3; Jak 2,11; Offb 2,14.20;

174 Das heißt, während du das Wort Gottes verkündest, sollst du in keiner Weise von verdorbener Moral sein. Vgl. 2.Kor 6,6; 1.Thess 2,4;

175 Didache IV, 3; Dtn 1,17.16,19-20; 2.Chr 19,7; Vgl. Röm 2,11;

176 1.Esdr 4,36; Jes 66,2.5; Apg 2,43.5,11; Phil 2,12.

177 Spr 12,28. 21,24; Sach 7,10; 1.Kor 13,5; Vgl. Röm 12,19-21.

178 Didache IV,4; Jak 1,6-8.

179 Ex 20,7; Dtn 5,11.

180 Phil 2,3+4; 2.Kor 12,15; vgl. Lev 19,18.

181 Abtreibung bzw. Kindesmord oder -weglegung nach der Geburt war in der Römischen und Griechischen Zivilisation weit verbreitet und wurde aber von den frühen Christen scharf verurteilt. Siehe Minucius Felix, Dialog Octavius, K. XXX; Tertullian, Apologetikum, K. IX; Athenagoras, Bittschrift für die Christen, K. XXXV.

182 Dtn 11,19; Spr 13,24.19,18.23,13-14.29,17; Sir 7,23.30,12-13; Joel 1,3; Jer 2,30; Apost. Const., Buch 4, K. 11; vgl. Hebr 12,9-11.

183 Ex 20,17; Dtn 5,21; 4.Makk 2,5.

184 Lk 12,15; Eph 5,3; Kol 3,5; 1.Kor 6,9+10; Sir 10,8.

rechten![185] Nimm die Prüfungen, die über dich kommen, als gut an und wisse, dass ohne Gott nichts geschieht![186]

7 Denke nicht noch rede zwiespältig! Denn die Doppelzüngigkeit ist ein Fallstrick des Todes.[187] Sei untertan deinem Herrn als dem Vertreter Gottes in Achtung und Furcht![188] Gib deinem Knecht und deiner Magd, die auf den gleichen Gott hoffen, deine Befehle nicht in Bitterkeit, damit sie nicht einmal ablegen ihre Furcht vor Gott, der über euch beide herrscht.[189] Denn Er ist nicht gekommen, um zu berufen nach Ansehen der Person, sondern zu denen, die der Geist vorbereitet hat.[190]

8 Von allem sollst du deinem Nächsten Anteil geben und nicht sagen, es sei dein eigen! Wenn ihr nämlich die unvergänglichen Güter gemeinsam habt, um wieviel mehr die vergänglichen?[191]

Sei nicht vorlaut! Ein Fallstrick des Todes ist nämlich der Mund.[192] Soviel du kannst, führe ein reines Leben deiner Seele zulieb![193] 9 Sei nicht so, dass du deine Hand ausstreckst zum Nehmen, zum Geben aber sie zuhältst![194]

---

185 Sir 9.16.10,21.13,1; 1.Kor 15,33;

186 Job 1,21; Koh 7,14; Ps 10,5; Weish 3,1-6; Jdt 8,27; Jak 1,2-4.

187 Zwiespältig ist, wer gutes **und** böses redet, also in sich gespalten ist. In dem Sinne ist Spr 10,9 gemeint: „Wer in Einfachheit geht, geht sicher, wer aber seine Wege verkehrt, wird durchschaut werden." Einfachheit heißt nicht Dummheit sondern das Gegenteil von Zwiespältigkeit. Vgl. Jak 3,6-12; Sir 5,9.14.28,13; Tertullian, Gegen Hermogenes, K. 13.

188 1.Petr 2,18.3,1; Eph 5,22.6,1.5; Tit 2,4-5.9; 1.Tim 6,1.

189 1.Tim 6,2; Eph 6,9.

190 Röm 8,29-30; vgl. Joh 6,44.10,16.27; 1.Thess 2,12.

191 Der Nächste ist in dem Zusammenhang also der Glaubensgenosse im Leib Christi. Vgl. Apg 2,44+45. 4,32; 1.Kor 9,11.

192 Jak 3; Jes 50,4; Sir 5,11; Weis 1,11; Dtn 21,20-21.

193 Weis 3,13; Apg 24,16; 1.Tim 1,5.3,9; 2.Tim 1,3; Hebr 13,18; 1.Petr 1,14-16. 3.16; 2.Petr 3,14; Jak 1,27; Offb 3,4.

194 Apg 20,35; 2. Kor 9,7; vgl. Apg 4,44+45.

Liebe wie deinen Augapfel[195] jeden, der dir das Wort des Herrn verkündet![196]

10 Bei Tag und bei Nacht denke an den Tag des Gerichtes[197] und suche täglich das Antlitz der Heiligen[198], sei es dass du durch Reden dich abmühest, hingehest, sie zu trösten, und nachsinnest, wie du durch das Wort eine Seele rettest, oder dass du mit den Händen (Almosen) arbeitest zur Tilgung deiner Sünden.[199] 11 Zweifle nicht, ob du geben sollst, und gib ohne Murren![200] Du wirst einsehen, wer der herrliche Erstatter deines Lohnes ist.[201] Bewahre, was du erhalten, ohne etwas hinzuzufügen oder wegzunehmen![202] Das Böse hasse in Ewigkeit! Urteile gerecht![203]

12 Mache keine Spaltungen, sondern stifte Frieden, indem du Streitende versöhnst![204] Bekenne deine Sünden! Schreite nicht zum Gebete mit einem schlechten Gewissen![205]

Das ist der Weg des Lichtes.[206]

---

195 Dtn 32,10; Ps 16,8; Spr 7,2.

196 1.Thess 5,12-13; 1.Tim 5,17.

197 Ps 1,2; Jos 1,8; Offb 2,5.

198 Damit ist nicht etwa Heiligenverehrung gemeint wie sie später die RKK einführte, sondern die tägliche Gemeinschaft mit den Glaubensbrüdern und -schwestern, wie sie in der Urgemeinde und bei den frühen Christen selbstverständlich und offenbar auch ein Gebot war. Didache IV,2; Vgl. Apg 2,46

199 Didache IV, 6; Röm 11,14; Jak 5,20; Jud 1,23; Tob 4,7-11. 12,9; Lk 12,33; 1.Petr 4,8. vgl. Apg 10,4.31.

200 2.Kor 9,7; Phil 2,14; 1.Petr 4,9.

201 Sir 12,2. 51,30; Jer 38,16; Hebr 11,6; Mt 10,42. 19,29; Lk 6,23; 1.Kor 3,8; Kol 3,24.

202 1.Tim 6,20; Dtn 12,32; Offb 3,3. 22,18-19.

203 Didache IV, 3; Ps 96,10. 100,3; Am 5,15; Dtn 1,16; Spr 31,9; Joh 7,24.

204 Didache IV, 3; 1.Kor 1,10; Mt 5,9; Tit 3,9-11; Jak 3,18;

205 Lev 5,5; Num 5,7; Mt 5,23-24; Sir 4,26. 17,25. 21,1. 28,2; 1.Joh 1,9; Jak 5,16. Vgl. Hebr 13,18.

206 Job 24,13. 38,19; Eph 5,8.

XX
Der Weg der Finsternis

1 Der Weg der Finsternis aber ist krumm und voll Fluch. Es ist nämlich der Weg zum ewigen Tode voll Strafe[207]; auf diesem befindet sich das, was die Seele zugrunde richtet:

Götzendienst, Frechheit, Überhebung wegen der Macht, Heuchelei, Doppelherzigkeit,[208] Ehebruch, Mord, Raub, Stolz, Übertretung, Hinterlist, Bosheit, Anmaßung, Giftmischerei, Zauberei, Habsucht, Mangel an Gottesfurcht.[209]

2 Leute, die die Guten verfolgen, die Wahrheit hassen, die Lüge lieben, den Lohn der Gerechtigkeit nicht kennen, dem Guten nicht nachstreben[210] und dem gerechten Urteil, sich nicht bemühen um Witwen und Waisen, sich nicht kümmern um die Gottesfurcht, sondern um das Böse, von denen gar weit entfernt ist Sanftmut und Geduld, die das Eitle lieben, nach Vergeltung haschen,[211] kein Mitleid haben mit den Bedürftigen, sich nicht annehmen um den Niedergebeugten, die bereit sind zum Verleumden, die ihren Schöpfer nicht anerkennen, Kinder morden,[212] die Geschöpfe Gottes im Mutterschoße umbringen, den Notleidenden den Rücken zukehren, den Bedrängten unterdrücken, den Reichen beistehen, die Armen ungerecht richten, Sünder in allen Stücken.

---

207 Mt 25,46; 2.Thess 1,8+9.

208 Altes Wort für Falschheit. So beschwerte sich Papst Gregor der Große in seinem Brief an den Bischof von Ravenna: „Vor Allem betrübt mich, daß Deine Brüderlichkeit mir mit Doppelherzigkeit schreibt und in den Briefen von Schmeichelreden überfließt, im mündlichen Verkehr aber vor Weltleuten sich ganz anders herausläßt." (Gregor der Große, Ausgewählte Briefe, Fünftes Buch. Briefe aus den Jahren 594—595., IV. (15.))

209 Röm 1,22-32. 3,18. 1. Kor 6,9+10; Gal 5,19-21.

210 Amos 5,10; 1.Tim 4,1f; Offb 22,19.

211 Ps 4,3.

212 Jdt 16,4; 1.Makk 3,20.

XXI
Wandelt in Gottes Geboten, denn der Herr ist nahe

1 Daher ist es recht, dass der Mensch alle Satzungen des Herrn, die geschrieben stehen, kennen lerne, und in diesen wandle. Denn wer dieses tut, wird im Königreiche Gottes verherrlicht werden; wer dagegen jenes andere (den Weg der Finsternis) sich auswählet, wird zugleich mit seinen Werken verloren gehen. Darum gibt es eine Auferstehung, darum eine Vergeltung.[213]

2 Ich bitte euch, die Vornehmen, wenn ihr von mir einen wohlgemeinten Rat annehmet: Ihr habt unter euch solche, denen ihr Gutes tun könnt; versäumet das nicht!

3 Nahe ist der Tag, an dem für den Bösen alles verloren ist; nahe ist der Herr und sein Lohn.[214]

4 Immer wieder bitte ich euch: Seid einander gute Gesetzgeber, seid einander treue Ratgeber, tilget aus in euch jegliche Heuchelei![215]

5 Gott aber, der über die ganze Welt gebietet, möge euch verleihen Weisheit, Einsicht, Verstand, Erkenntnis seiner Satzungen,[216] Beharrlichkeit.

6 Werdet gelehrige Schüler Gottes, indem ihr fleißig forschet, was Gott von euch verlangt, und tuet es, damit ihr als solche [gelehrige Schüler Gottes] erfunden werdet am Tage des Gerichtes.

---

213 2.Thess 1,8.
214 Jes 40,10; Offb 22,12.
215 1.Petr 2,1; Dida IV,12.
216 Sir 19,20.

7 Wenn ihr ein Gedächtnis habet für eine Wohltat, gedenket meiner, indem ihr diese meine Worte beherziget, damit mein Verlangen und meine Sorgfalt zu etwas Gutem führe. Ich ersuche euch darum, indem ich eine Wohltat erbitte.

8 Solange ihr noch in diesem herrlichen Gefäß seid,[217] verfehlt euch in keinem dieser Dinge, sondern forschet stets darüber nach und erfüllet alle Gebote, denn sie sind es wert.[218]

9 Deshalb war ich um so mehr bemüht, von dem, was ich beherrschte, euch zu schreiben,[219] um euch eine Freude zu machen. Lebet wohl, Kinder der Liebe und des Friedens, der Herr der Herrlichkeit und jeglicher Gnade sei mit eurem Geiste!

---

217 Solange ihr noch in diesem Leibe lebet. Vgl 1.Thess 4,4.

218 Sir 6,37; Jes 34,16; Offb 3,4.

219 Wahre apostolische Lehrer erkennt man daran, dass sie nur das schreiben, unterrichten und einfordern, was sie selbst beherrschen. Nur dann kann man sie auch nachahmen. Deswegen betonte Paulus wiederholt: „Werdet meine Nachahmer!" 1.Kor 4,16; Phil 3,16.

Didache
Apostellehre

80-100, Osten

Das Wort Didache ist eine Transkription des griech. Wortes Διδαχή (Didaché), auf Deutsch „Lehre". Der Originaltitel hieß übersetzt „Lehre des Herrn durch die zwölf Apostel an die Nationen", kurz Apostellehre. Sie ist die älteste überlieferte Kirchenordnung und erlangte in der frühen Kirche hohes Ansehen. Justin[220] kennt die Apostellehre, Klemens von Alexandrien zählt sie sogar zur Heiligen Schrift.[221] Origenes[222] kennt sie; Eusebius verweist sie gemeinsam mit dem Barnabasbrief und der Offenbarung unter die unechten Schriften[223]. In der apostolischen Kirchenordnung sind die Kapitel 4-13 eine ausführliche Bearbeitung des Weges des Lebens und die ganze Didache ist erweitert in den apostolischen Konstitutionen VII 1-32. Von den Lateinern hat sie schon Pseudocyprian[224], Kommodian[225], Laktanz[226], Optatus von Mileve[227] gekannt. Auch in der Regel des Benedikt von Nursia (K. 4) und bei Abt Pirmin von der Reichenau[228] finden sich Anklänge an die Apostellehre. Die Ähnlichkeit der Didache zum Barnabasbrief ist unübersehbar und belegt, dass beide im 1.Jh. entstanden. Diese Perle des frühen Christentums war für den Taufunterricht konzipiert und schon fast in Vergessenheit geraten als sie im 16. Jh. von den Täufern wiederentdeckt und mit Eifer gelesen und gelehrt wurde.

---

220 1.Apol. XVI.

221 Strom I 20, 100.

222 De princ. 2, 7.

223 Hist. eccl. III 25,4

224 Adv. aleat. 4.

225 Instr. II 17, 10 = 4, 2

226 Div. Inst. VI 3-23.

227 De schism. Donat. I, 21.

228 Caspari, Kirchenhistor. Anekdota (Christiania 1883) S. 149.

I
Die zwei Wege. Das erste Gebot

1 Zwei Wege gibt es, einen zum Leben und einen zum Tode; der Unterschied zwischen den beiden Wegen aber ist groß.[229]

2 Der Weg des Lebens nun ist dieser: „Erstens du sollst deinen Gott lieben, der dich erschaffen hat[230], zweitens deinen Nächsten wie dich selbst"[231]; „alles aber, von dem du willst, daß man es dir nicht tue, das tue auch du keinem anderen.[232]

3 In diesen Worten ist aber folgende Lehre enthalten: „Segnet die, welche euch fluchen und betet für eure Feinde; ja fastet für die, die euch verfolgen; denn welche Gnade[233] habt ihr davon, wenn ihr die liebet, die euch lieben? Tun nicht auch die Heiden

---

229 Dtn 30,15; Jer 21,8; Mt 7,13+14. Barnabas nennt die zwei Wege Licht und Finsternis: Barn XVIII,1.

230 Barn XIX,2.

231 Mt 22,37-39; Mk 12,30.31; Sir 7,30.

232 Tob 4,15. Martin Luther übersetzte Tobit einprägsam gereimt: „Was du nicht willst, dass man dir tu, das füg auch keinem anderen zu!" In den Evangelien steht die goldene Regel umgekehrt (Mt 7,12; Lk 6,31).

233 Zitat von Lk 6,32. Dort steht das griechische Wort χάρις (charis), das auf Deutsch Wohlgefallen, Dank und Gnade bedeutet. Daran kann man erkennen, wie breit die griechischsprachigen Autoren und Lehrer des NT diesen Begriff verstanden und verwendeten im Gegensatz zum engen theologischen Gnadenverständnis heute. Ursprünglich war im biblischen Sinne Gnade nicht etwas unverdient geschenktes, sondern etwas, das man sich erarbeitete wie Wohlgefallen, Dank oder einen Lohn. Deswegen wählt Matthäus in Mt 5,46 für die selbe Aussage auch das griechische Wort für Lohn. Seit wenigen Jahrhunderten sehen Theologen das anders und deswegen schreibt kein moderner Übersetzer bei Lukas in dem Zusammenhang Gnade. Die BKV übersetzte es aber mit Gnade und wir sehen es als gute Gelegenheit, um auf die biblische Bedeutung des Wortes hinzuweisen.

dasselbe? Ihr aber sollt lieben, die euch hassen"[234], und ihr sollt keinen Feind haben.[235]

4 Enthalte dich der Begierden des Fleisches und der Welt![236]

„Wenn dich einer auf die rechte Wange schlägt, reiche ihm auch die andere dar und du wirst vollkommen sein; wenn einer dich eine Meile weit nötigt, gehe zwei mit ihm; wenn einer dir den Mantel nimmt, gib ihm auch den Rock; wenn dir einer das Deinige nimmt, fordere es nicht zurück"[237]; denn du kannst es auch nicht.[238] 5 „Jedem, der dich bittet, gib und fordere es nicht zurück"[239]; denn der Vater will, daß allen gegeben werde von den eigenen Segensgütern.[240] Glücklich, wer dem Gebote entsprechend gibt; denn er ist frei von Schuld. Wehe dem, der empfängt! Denn wenn einer in der Not empfängt, so ist er ohne Schuld; ist er aber nicht in Not, dann muß er sich verantworten, weshalb er empfangen hat und wozu? Man wird ihn ins Gefängnis werfen und ihn genau untersuchen über sein Tun, und er wird „von dort nicht herauskommen, bis er den letzten Heller bezahlt hat."[241] 6 Aber auch über diesen Punkt heißt es: „Schwitzen soll das Almosen in deinen Händen, bis du erkannt hast, wem du es geben sollst."[242]

---

234 Lk 6,28.32; vgl. Mt 5,44.46.47.

235 Röm 12,18; 2.Kor 13,11.

236 1.Petr 2,11; 1.Joh 2,16

237 Mt 5,39-41; Lk 6,29-30.

238 Gemeint ist, dass ein wahrer Christ das nicht übers Herz bringt (zurück fordern). In diesem Sinne heißt es „Gott kann nicht lügen" (Tit 1,2) oder „Wir wissen, dass jeder, der aus Gott geboren ist, nicht sündigt" (1.Joh 5,18). Diese Formulierungen verneinen nicht die Fähigkeit zu lügen oder zu sündigen, sondern die Bereitschaft es zu tun.

239 Lk 6,30.34-35.

240 Die gebotene Gütergemeinschaft ist in der Bibel nur innerhalb des Leibes Christi überliefert, wird hier aber offenbar auf die Welt ausgeweitet. Der Hirte zitiert das Gebot: Hermas, K. II, Zweites Gebot,4.

241 Mt 5,26.

II
Das zweite Gebot

1 Das zweite Gebot der Lehre aber (heißt):

2 „Du sollst nicht töten, du sollst nicht ehebrechen"[243], du sollst nicht Knaben schänden, du sollst nicht Unzucht treiben[244], „du sollst nicht stehlen"[245], du sollst nicht Zauberei treiben, du sollst nicht Gift mischen[246], du sollst nicht das Kind durch Abtreiben umbringen und das Neugeborene nicht töten[247], „du sollst nicht begehren nach deines Nächsten Gut."[248]

3 „Du sollst keinen Meineid schwören, kein falsches Zeugnis geben"[249], du sollst Schlimmes nicht nachreden, du sollst Böses nicht nachtragen.[250]

4 Du sollst nicht doppelsinnig noch doppelzüngig sein; die Doppelzüngigkeit ist nämlich ein Fallstrick zum Tode.[251]

---

242 Die Quelle für dieses Zitat ist uns nicht bekannt. Der Spruch verbietet offensichtlich wahllose Nächstenliebe und weist auf einen frühen Missbrauch der christlichen Freigiebigkeit hin. Dagegen richten sich auch die letzten Sätze von Vers 5, wonach nur Notleidende empfangen dürfen. Es werden in den nächsten Kapiteln weitere Anweisungen folgen, um die Gemeinde vor parasitärem Verhalten zu schützen. Vgl. 1.Tim 5,9-15.

243 Mt 19,18; Mk 10,19; Lk 18,20; Jak 2,11.

244 Barn XIX,4; 1.Kor 10,8; 1.Thess 4,3.

245 Mt 19,18.

246 Zauberei und Giftmischerei sind im Griechischen fast bedeutungsgleich, weswegen die Übersetzer wahlweise das eine oder andere Wort nehmen. Lev 19,26; Mal 3,5; Barn XX,1; Offb 22,15.

247 Barn XIX,5.

248 Barn XIX,6.; Ex 20,17; Röm 13,9. 7,7.

249 Ex 20,16. 23,1; Mt 5,33; 19,18.

250 Barn XIX,4; Ex 23,1

251 Barn XIX,7.

5 Deine Rede sei nicht lügnerisch,[252] nicht leer,[253] sie sei inhalts-
reich durch (die) Tat.[254]

6 Du sollst nicht habgierig sein, nicht auf Raub bedacht, auch
kein Heuchler, nicht boshaft,[255] nicht hoffärtig. Du sollst keine
schlimmen Pläne schmieden wider deinen Nächsten.[256]

7 Du sollst niemand hassen, sondern einige zurechtweisen,[257]
für andere beten,[258] wieder andere mehr lieben als deine Seele.[259]

---

252 Lev 19,11; Spr 12,22; Ps 144,8.
253 1.Tim 1,6. 6,20.
254 Sir 4,29; Jak 1,22-25.
255 Barn XX,1; Sir 1,29.
256 Barn XIX,3.
257 Lev 19,17; 2.Thess 3,14-15.
258 1.Joh 5,16.
259 Barn XIX,5.

III
Weitere Verbote

1 Mein Kind, fliehe vor allem Bösen und allem, was ihm ähnlich ist.[260]

2 Sei nicht zornmütig, denn der Zorn führt zum Mord[261], noch eifersüchtig,[262] noch zänkisch, noch reizbar; denn aus all dem entstehen Mordtaten.

3 Mein Kind, sei nicht lüstern, denn die Lüsternheit führt zur Unzucht, meide sowohl schmutzigen Witze wie schamlose Blicke; denn aus all dem entsteht Ehebruch.[263]

4 Mein Kind, achte nicht auf den Vogelflug,[264] da dies zum Götzendienst führt; halte dich frei von Beschwörungen, Sterndeuterei, Zauberei,[265] wünsche nicht einmal zuzuschauen oder zuzuhören; denn aus all dem entsteht Götzendienst.

5 Mein Kind, sei kein Lügner,[266] da das Lügen zum Diebstahl führt; sei weder geldgierig[267] noch ruhmsüchtig[268]; denn aus all dem entstehen Diebstähle.

---

260 Sir 21,1; 1.Kor 6,18; 1.Tim 6,11; 2.Tim 2,22.
261 Jak 1,19+20; Num 35,21 (nach der LXX).
262 Spr 6,34; 1. Kor 10,22; Gal 5,20; Sir 40,5.
263 Hiob 31,1; Sir 9,8. 26,9.11; Mt 5,28; Eph 5,4; vgl. 4.Makk 1,25ff.
264 Lev 19,26 nach der LXX; Minucius Felix, Dial. Oct. XXVI u. XXVII.
265 Offb 21,8. 22,15; Jer 34,7 (LXX) bzw. 27,9 (MT); vgl. 2.Chr 33,6.
266 Lev 19,11; Spr 12,22.
267 1.Tim 3,3. 6,10
268 4.Makk 2,15. 8,19; Gal 5,26; Vgl. Est 4,15 (LXX!).

6 Mein Kind, sei kein Murrkopf, da dies zur Lästerung führt,[269] sei weder eigenwillig[270] noch bösartig[271]; denn aus all dem entsteht Gotteslästerung.

7 Sei vielmehr sanftmütig, da „die Sanftmütigen das Erdreich besitzen werden".[272]

8 Sei langmütig, barmherzig, ohne Falsch,[273] ruhig, gut und „zittere allzeit vor den Worten", die du gehört hast.[274]

9 Du sollst dich nicht selbst erhöhen und deiner Seele keinen Übermut gestatten.[275] Deine Seele soll nicht zusammen sein mit den Hochmütigen, sondern sie soll wandeln mit den Gerechten und den Demütigen.[276]

10 Was dir Schlimmes zustößt, nimm als gut auf, du weißt ja, dass ohne Gott nichts geschieht.[277]

269 1.Kor 10,10.
270 Phil 2,3; Kol 2,18; vgl. Tob 12,18.
271 Gen 19,7; Jer 17,9; Ps 5,5; Sir 32,5.
272 Ps 36,11.; Mt 5,5.
273 Gal 5,22; 2.Kor 6,6.
274 Barn XIX, 4; Jes 66,2.5; 1.Esdr 4,36; Apg 2,43. 5,11; Phil 2,12.
275 Barn XIX,3.
276 Barn XIX,6; Ps 1.
277 Barn XIX,6; Jak 1,2-3.12; vgl. Apg. 5,40f; Hebr 10,32-39.

IV
Weitere Anweisungen

1 Mein Kind, Tag und Nacht sollst du dessen gedenken, der dir Gottes Wort verkündet,[278] ehren sollst du ihn wie den Herrn;[279] denn woher seine Herrlichkeit verkündet wird, da ist der Herr.

2 Täglich sollst du das Antlitz der Heiligen suchen,[280] damit du Ruhe findest durch ihre Worte.[281]

3 Du sollst keinen Zwiespalt verursachen,[282] versöhnen sollst du Streitende.[283] „Urteile gerecht",[284] schau nicht auf die Person, wenn du Fehltritte zurechtweisest.[285]

4 Zweifle nicht, ob es geschehen soll oder nicht.[286]

5 Sei nicht wie einer, der seine Hände ausstreckt zum Nehmen, zum Geben aber sie zuhält[287]. 6 Wenn du etwas in deinen Händen hast, so gib es als Sühne für deine Sünden.[288]

7 Zweifle nicht, ob du geben sollst, und wenn du gibst, murre nicht; denn du wirst erkennen, wer der herrliche Erstatter deines Lohnes ist.[289] 8 Wende dich nicht ab von dem Bedürftigen, teile vielmehr alles mit deinem Bruder und nenne nichts dein

---

278 Hebr 13,7.
279 Mit ehren ist in der Bibel nicht nur Achtung, Respekt und Gehorsam gemeint, sondern finanzielle Unterstützung. 1.Tim 5,17; Mk 7,10ff.
280 Barn XIX,10.
281 Hebr 13,16f.
282 1.Kor 12,24-25.
283 Barn XIX, 12.
284 Barn XIX, 11; Dtn 1,16-17; Spr 31,9; Joh 7,24.
285 Barn XIX, 4.
286 Barn XIX, 5.
287 Barn XIX, 9; Vgl. 1.Klem 2,1.
288 Barn XIX, 10; Tob 4,7-11.
289 Barn XIX, 11.

eigen; denn wenn ihr die unvergänglichen Güter euch teilet, um wie viel mehr die vergänglichen?[290]

9 Ziehe deine Hand nicht zurück von deinem Sohn oder von deiner Tochter, unterweise sie vielmehr von Jugend auf in der Furcht des Herrn. [291]

10 Gib deinem Knecht oder deiner Magd, die auf denselben Gott hoffen, deine Befehle nicht in Bitterkeit, damit sie nicht einmal ablegen ihre Furcht vor Gott, der über euch beiden herrscht; denn er kommt nicht, um zu (be)rufen nach Ansehen der Person, sondern zu denen, welche der Geist vorbereitet hat.[292]

11 Ihr Knechte aber seid untertan euren Herren als dem Abbild Gottes in Achtung und Furcht.[293]

12 Hasse jegliche Heuchelei und alles, was dem Herrn nicht gefällt.[294]

13 Übertritt nicht „die Gebote des Herrn, bewahre, was du übernommen, tue nichts dazu und nimm nichts weg"[295].

14 In der Versammlung sollst du deine Fehltritte bekennen, und du sollst nicht hintreten zum Gebete mit einem schlechten Gewissen.[296]

Dies ist der Weg des Lebens.

---

[290] Barn XIX,8.
[291] Barn XIX,5.
[292] Barn XIX,7.
[293] Ebd.
[294] Barn XIX,2.
[295] Dtn 4,2; 12,32.
[296] Barn XIX, 12. Vgl. Hebr 13,18.

V
Der Weg des Todes

1 Der Weg des Todes aber ist dieser: vor allem ist er böse und voll von Fluch: „Mord, Ehebruch, Wollust, Unzucht, Diebstahl, Götzendienst, Zauberei, Giftmischerei, Raub, falsches Zeugnis, Heuchelei, Doppelherzigkeit, Hinterlist, Stolz, Bosheit, Anmaßung, Habsucht, schmutzige Rede, Missgunst, Frechheit, Hoffart, Prahlerei, Vermessenheit".[297]

2 Leute, die das Gute verfolgen, die Wahrheit hassen, die Lüge lieben, den Lohn der Gerechtigkeit nicht kennen, „dem Guten nicht nachstreben"[298] und nicht dem gerechten Urteil, die ein wachsames Auge haben nicht für das Gute, sondern für das Böse; Leute, die weit entfernt sind von Sanftmut und Geduld, „die Eitles lieben, nach Vergeltung trachten"[299], die kein Mitleid haben mit den Armen, sich nicht annehmen um den Bedrückten, die ihren Schöpfer nicht kennen, „ihre Kinder töten"[300], das Gebilde Gottes (im Mutterleibe) umbringen, vom Bedürftigen sich abkehren, den Elenden unterdrücken, den Reichen beistehen, die Armen jedoch gegen das Gesetz richten, in allem sündigen. Reißet euch los, Kinder, von allen diesen.

---

[297] Das ganze Kapitel ist nahezu wortgleich mit Barn XX, mit wenigen Abweichungen. Vgl. Mt 15,19; Röm 1,29-30; Gal 5,19-21; Kol 3,5-8.
[298] Röm 12,9.
[299] Ps 4,3; Jes 1,23.
[300] Weish 12,6.

VI
Gegen Irrlehrer und Götzendienst

1 Gib acht, „dass niemand dich wegführe"[301] von dem Wege dieser Lehre, da er anders als Gott dich unterweist.[302] 2 Denn wenn du das ganze Joch des Herrn tragen kannst, wirst du vollkommen sein; vermagst du das aber nicht, so tue, was du kannst. 3 Was die Speise[gesetze] angeht, erfülle, was du kannst; vom Opferfleisch aber enthalte dich ganz und gar;[303] denn das ist eine Verehrung toter Götter.[304]

---

301 Mt 24,4. Vgl. Eph 5,6.
302 Röm 16,17; Gal 1,8-9; 2. Joh 1,9-11.
303 Apg 15;19-20. 21,25; 1.Kor 10,28.
304 1.Kor 10,14-22.

VII
Über die Taufe

1 Bezüglich der Taufe haltet es so: Wenn ihr all das Vorhergehende gesagt habt,[305] „taufet auf den Namen des Vaters und des Sohnes und des Heiligen Geistes"[306] in fließendem Wasser.[307]

2 Wenn du aber kein fließendes Wasser hast, dann taufe in einem anderen Wasser; wenn du es nicht in kaltem tun kannst, tue es im warmen.[308]

3 Wenn du beides nicht hast, gieße dreimal Wasser auf den Kopf[309] „auf den Namen des Vaters und des Sohnes und des Heiligen Geistes"[310].

4 Vor der Taufe soll fasten der Taufende, der Täufling und wer sonst kann; den Täufling lasse ein oder zwei Tage zuvor fasten.[311]

---

305 Die Didache war demnach auch für den Taufunterricht gedacht, also die Unterweisung der Katechumen (Täuflinge).

306 Mt 28,19.

307 Denn schon Johannes der Täufer taufte im Fluss, später taten es Jesus und Seine Jünger ebenso. Die Lehre der Apostel ahmt die Lehrer nach. Was die Lehrer machen, ist Gebot und wird nachgemacht.

308 Vorzuziehen ist also die Taufe im Freien, in kalten Flüssen. Heute steht in vielen Gemeindelokalen ein temperiertes Taufbecken in beheizten Räumen, damit die Täuflinge es schön warm haben.

309 Wasser über den Kopf gießen war also auch schon im 1.Jh. eine bekannte Praxis der Taufe, wenn auch nur im Notfall. Man beachte, dass in der Zeit der aggressiven staatlichen Christenverfolgung jede öffentliche Taufe an einem Gewässer lebensgefährlich für die Beteiligten war.

310 Mt 28,19.

311 Dass der Täufling vor der Taufe fasten soll, findet sich auch in anderen Schriften der frühen Christen bestätigt (z.B. Apost. Const.), dass auch der Taufende „und wer sonst kann" fasten soll, aber nur in der Didache.

VIII
Über Fasten und Gebet

1 „Bei eurem Fasten haltet es aber nicht mit den Heuchlern"[312]; diese fasten nämlich am zweiten und fünften Tage nach dem Sabbat (d.h. am Montag und Donnerstag); ihr aber sollt fasten am vierten Tage und am Rüsttage (d.h. am Mittwoch und Freitag).[313] 2 Auch „sollt ihr nicht beten wie die Heuchler"[314], sondern wie der Herr in seinem Evangelium es befohlen hat, so betet: Vater unser, der Du bist in dem Himmel, geheiligt werde Dein Name, zukomme uns Dein Reich, Dein Wille geschehe wie im Himmel also auch auf Erden; unser tägliches Brot gib uns heute, und vergib uns unsere Schulden, wie auch wir vergeben unseren Schuldigern, und führe uns nicht in Versuchung, sondern erlöse uns von dem Bösen;[315] denn Dein ist die Macht und die Herrlichkeit in Ewigkeit.[316]

3 Dreimal im Tag betet so.[317]

---

312 Mt 6,16.

313 Montag und Donnerstag waren die traditionellen jüdischen Fastentage. Christen fasten hingegen Mittwoch und Freitag. Zum Christentum bekehrte Juden, die sich gegenüber ihren jüdischen Freunden und Verwandten nicht als Christen zu erkennen geben wollten, hielten weiterhin die jüdischen Fastentage und Sabbate ein. Sie wurden von den Aposteln und deren Gemeinden als Heuchler bezeichnet. Das griech. Wort für Heuchler bedeutet auch Schauspieler. Es ist treffend, denn diese Leute verstellen sich und spielen verschiedene Rollen. Auf der einen Seite, so als wären sie Juden, auf der anderen, als seien sie Christen. Christen sollen Heuchelei jeder Art hassen (s. IV,12. V,1; Barn XXI,4).

314 Mt 6,5.

315 Mt 6,9-13; Lk 11,2-4.

316 Mt 6,13. Dieser Schlusssatz befindet sich nur im Byzantinischen Text und dem Textus Receptus und ist ein Beweis, dass das der von den Aposteln überlieferte Grundtext ist. In späteren Schriften wird er abgeändert (z.B. Apost. Const. VII,24); bei NA fehlt er komplett.

IX
Über die Feier der Eucharistie

1 Bezüglich der Eucharistie[318], so sagt Dank.

2 Zunächst über den Kelch: Wir danken Dir, unser Vater, für den heiligen Weinstock Davids, Deines Knechtes, den Du uns zu erkennen gabst durch Jesus, Deinen Knecht; Dir sei die Herrlichkeit in Ewigkeit.

3 Und über das gebrochene Brot: Wir danken Dir, unser Vater, für das Leben und die Erkenntnis, die Du uns zu erkennen gabst durch Jesus, Deinen Knecht; Dir sei die Herrlichkeit in Ewigkeit. 4 Wie dieses gebrochene Brot auf den Bergen zerstreut war und zusammengebracht eins wurde, so möge Deine Gemeinde von den Enden der Erde zusammengebracht werden in Dein Königreich; weil Dein ist die Herrlichkeit und die Macht durch Jesus Christus in Ewigkeit.

5 Aber keiner darf essen oder trinken von eurer Eucharistie, außer die auf den Namen des Herrn getauft sind. Denn auch hierüber hat der Herr gesagt: „ihr sollt das Heilige nicht den Hunden geben."[319]

---

317 Die Juden hatten drei traditionelle Gebetszeiten **im** Tag (d.h. bei Tageslicht) - zur dritten, zur sechsten und zur neunten Stunde - die die Christen übernahmen. Apg 3,1. 10,3.9.30; Vgl. Dan 6,11; Ps 54,18.

318 Das Wort Eucharistie kommt vom Griechischen εὐχαριστία (eucharistia), auf Deutsch Dankbarkeit oder Danksagung. Das Wort kommt im Neuen Testament häufig vor, stets im wörtlichen Sinne. Offenbar haben aber die frühen Christen bereits im 1. Jh im übertragenen Sinne damit auch die Feier der Danksagung beim sogenannten Abendmahl gemeint, das in der Bibel „Brotbrechen" (Apg 2,42), „Herrenmahl" bzw. „Mahl des Herrn" (1.Kor 11,20) oder „Liebesmahl" (Jud 1,12) genannt wird. Im Gebet auf dieser Seite spielt Dank eine zentrale Rolle. Auch Jesus dankte für Brot und Wein (Lk 22,19; Mt 26,27).

X
Dankgebet nach der Feier der Eucharistie

1 Wenn ihr aber gesättigt seid, danket also:

2 Wir danken Dir, heiliger Vater, für Deinen heiligen Namen, dessen Wohnung Du in unseren Herzen bereitet hast, und für die Erkenntnis und den Glauben und die Unsterblichkeit, die Du uns zu erkennen gabst durch Jesus Deinen Knecht; Dir sei die Herrlichkeit in Ewigkeit.

3 Du allmächtiger Herrscher, „hast alles erschaffen"[320] um Deines Namens willen, hast Speise und Trank gegeben den Menschen zum Genusse, damit sie Dir danken; uns aber hast Du geschenkt eine geistige Speise, einen geistigen Trank und ein ewiges Leben durch Deinen Knecht. 4 Vor allem danken wir Dir, weil Du mächtig bist; Dir sei die Herrlichkeit in Ewigkeit.

5 Gedenke, o Herr, Deiner Gemeinde, dass Du sie erlösest von allem Übel und sie vollkommen machest in Deiner Liebe, „führe sie zusammen von den vier Windrichtungen"[321], die Geheiligte, in Dein Königreich, das Du ihr bereitet hast; denn Dein ist die Macht und die Herrlichkeit in Ewigkeit. 6 Es soll kommen die Gnade und vergehen diese Welt. „Hosianna dem Gott Davids"[322]. Ist einer heilig, so soll er kommen; ist er's nicht, so soll er sich bekehren, maranatha[323], Amen. Den Propheten gestattet Dank zu sagen, soviel sie wollen.

---

319 Mt 7,6. Hier sehen wir, wie die Apostel den Tiervergleich Jesu verstanden: Mit den Hunden sind also die Ungetauften gemeint. Hunde gelten sowohl im AT wie im NT als unrein - das ist das Gegenteil von heilig. „Das Heilige" ist in dem Fall die Eucharistie.Vgl. Hebr 13,10.

320 Weish 1,14; Sir 18,1; Offb 4,11. 10,6.

321 Mt 24,31.

322 Matthäus schreibt „Sohn Davids". Vgl. Mt 21,9.15;

323 1.Kor 16,22. Dieses aramäische Mahnwort heißt: „Unser Herr komm!" und weist hin auf die Ankunft Christi zum Gericht. Vgl. Offb 22,20.

XI
Über Lehrer, Apostel und Propheten

1 Wer also zu euch kommt und all das Obige euch lehrt, den nehmet auf. 2 Wenn der Lehrer sich aber abkehrt und euch eine andere Lehre vorträgt zur Vernichtung (der unsrigen), so höret nicht auf ihn; aber (lehret er) zur Mehrung der Gerechtigkeit und Erkenntnis des Herrn, nehmet ihn auf wie den Herrn.[324]

3 Betreffs der Apostel und Propheten haltet es entsprechend der Vorschrift des Evangeliums also: 4 Jeder Apostel, der zu euch kommt, soll aufgenommen werden wie der Herr.[325] 5 Er soll aber nicht länger als einen Tag bleiben; wenn's nötig ist, noch den zweiten; drei Tage aber wenn er bleibt, ist er ein falscher Prophet.[326] 6 Wenn der Apostel weggeht, soll er nur Brot mitnehmen, bis er wieder einkehrt;[327] wenn er aber Geld verlangt, ist er ein falscher Prophet.

7 Und jeden Propheten, der im Geiste redet, sollt ihr nicht prüfen noch richten; denn „jede Sünde wird vergeben werden, diese Sünde aber wird nicht vergeben werden."[328] 8 Aber nicht jeder, der im Geiste redet, ist ein Prophet, sondern nur wenn er die Wege des Herrn hält; an ihren Wegen erkennt man den fal-

---

324 Mt 10,40.

325 Mt 10,40. Diese Stelle hat Diskussionen ausgelöst. Es sind damit wohl andere Apostel gemeint als die Zwölf. Es gibt etliche Hinweise, dass die reisenden Evangelisten noch einige Zeit nach der apostolischen Zeit als Apostel bezeichnet wurden. Selbst im NT ist ein lockerer Gebrauch des Begriffs zu bemerken, der auch auf andere als die Zwölf angewandt wurde, z.B. auf die Paulusbegleiter: 1.Thess 2,6 (wir: in Philippi war Silas mit Paulus, den Brief schrieb Paulus mit Silvanus und Timotheus); Barnabas: Apg 14,4.14. Vgl. Offb 2,2.

326 Dieses Kapitel ist ein Beleg für die frühe Entstehungszeit der Didache, nämlich im ersten Jahrhundert, als die reisenden Propheten und Apostel noch zahlreich waren. Das hörte sich später auf.

327 Er soll soviel mitnehmen, wie bis zur nächsten Einkehr reicht.

328 Mt 12,31; Mk 3,28.29.

schen Propheten und den (rechten) Propheten. 9 Und kein Prophet, der den Tisch richten lässt im Geiste, isst davon, außer er ist ein falscher Prophet.[329]

10 Und jeder Prophet, der zwar das Rechte lehrt, ist ein falscher Prophet, wenn er das, was er lehrt, nicht tut.

11 Jeder erprobte, wahre Prophet aber, der für das weltliche Geheimnis der Gemeinde tätig ist, aber nicht lehrt zu tun, was er tut, soll bei euch nicht gerichtet werden.[330] Denn er hat bei Gott sein Gericht; denn so hielten es auch die alten Propheten.

12 Wenn aber einer spricht im Geiste: Gib mir Geld oder sonst etwas, so höret nicht auf ihn; wenn er aber für andere Bedürftige um Gaben bittet, soll niemand ihn richten.

---

329 Gemeint ist wohl ein Liebesmahl (Herrenmahl), das ein Prophet im Geiste anordnete. „Im Geiste" ist eine Referenz auf die Geistesgaben und Zeichen der Apostel, von denen Paulus schrieb (1.Kor 14; 2.Kor 12,12). Ein weiteres Indiz für die frühe Entstehungszeit der Didache. Denn diese Geistesgaben und Zeichen waren vorwiegend zur Zeit der Apostel vorhanden. Nach deren Tod wurde kaum noch davon berichtet.

330 Diese Stelle ist schwer verständlich; es sind grammatikalisch verschiedene Aussagen möglich, die in der Fachwelt diskutiert werden. Am besten passt jene zur Gesamtaussage: es ist wohl eine verkürzte Redeweise für den Gedanken: Wenn einer in geheimnisvoller, weltlicher Weise für die Gemeinde tätig ist. Da sich die Didache auf die alten Propheten beruft, so muss man etwa an den Propheten Hosea (K. 1) denken, der dem Befehl des Herrn gemäß eine Hure heiratet und mit ihr Hurenkinder hat, um dem Volk Israel seine Treulosigkeit gegen Gott vor Augen zu führen. Ähnlich Jeremias (K. 13), wo der Prophet einen Gürtel in einer Felsenspalte verbirgt, bis er verdorben ist: so will Gott den gewaltigen Hochmut Israels vermodern lassen. Oder Jesaja, der drei Jahre lang nackt umherging (K. 20); ebenso findet sich bei Ezechiel (K. 5) die sinnbildliche Darstellung des drohenden Strafgerichts. In jedem Fall ist es eine Anweisung, dass Gott über derartiges Tun der Propheten richten soll, nicht die Gemeinde, denn nur Gott weiß, ob der Prophet aus Gehorsam handelt oder nicht. Allein die Notwendigkeit solch einer Anweisung zeigt, dass die frühen Christen untereinander sehr wohl richteten, wie es Paulus lehrte: 1.Kor 5,12-13. 6,2-5.

XII
Gastfreundschaft gegenüber den fremden Glaubensgenossen

1 Jeder aber, „der kommt im Namen des Herrn"[331], soll aufgenommen werden; dann aber sollt ihr ihn prüfen und so kennen lernen;[332] ihr sollet nämlich euren Verstand anwenden zur Entscheidung über rechts und links.[333] 2 Wenn der Ankömmling nur durchreist, helfet ihm, so viel ihr könnt; er soll aber bei euch nicht länger bleiben als zwei oder drei Tage, wenn's nötig ist.[334] 3 Wenn er sich aber bei euch niederlassen will als Handwerker, dann soll er arbeiten und essen.[335] 4 Wenn er aber kein Handwerk versteht, dann sorget nach eurer Einsicht dafür, dass nicht ein fauler Christ unter euch lebt.[336] 5 Will er es aber nicht so halten, so ist er ein Christusgegner[337]; hütet euch vor solchen.

---

331 Mt 21,9; Ps 117,26.

332 Das heißt: jeder, der behauptet Christ zu sein, wird erst mal aufgenommen, aber dann geprüft, ob er wirklich ein Christ ist. Und zwar mit Verstand, wie es weiter heißt. Vgl. Hebr 13,2.

333 In der Heiligen Schrift und der Gemeinde Christi ist links töricht oder böse und rechts weise oder gut. Koh 10,2; Vgl. Mt 25,31-46.

334 Die christliche Gastfreundschaft unter Glaubensgenossen währt also drei Tage, danach muss abgereist oder für das Quartier gearbeitet werden.

335 2.Thess 3,10.

336 Das ist einer von vielen Beweisen, dass die frühen Christen Faulheit nicht unterstützten, sondern im Keim erstickten. Bereits Paulus kämpfte gegen faule Geschwister, die sich von der Gemeinde aushalten lassen wollten, und lebte Fleiß vor.

337 „Christus-Verräter". Der Missbrauch der christlichen Gemeinschaft und Gastfreundschaft folgte naturgemäß auf die bemerkenswerte Ausbreitung des Christentums. Dieser ausdrucksstarke Begriff wurde geprägt, um die Klasse der Müßiggänger zu bezeichnen, die aus ihrem bekennenden Christentum Profit schlagen wollten. Er kommt in der längeren Version des Ignatiusbriefes an die Trallianer (VI.) und in der Literatur des vierten Jahrhunderts vor.

XIII
Pflichten gegenüber wahren Propheten

1 Jeder wahre Prophet, der sich bei euch niederlassen will, „ist seines Brotes wert"[338]. 2 Ebenso ist ein wahrer Lehrer genau wie „der Arbeiter seines Brotes wert"[339]. 3 Du sollst daher „alle Erstlinge des Ertrags von Kelter und Tenne, von Rindern und Schafen"[340] nehmen und die(se) Erstlinge den Propheten geben; denn dies sind eure Hohenpriester.

4 Wenn ihr aber keinen Propheten habt, gebet es den Armen.

5 Wenn du Brot bäckst, nimm den Anschnitt,[341] gib es gemäß dem Gesetze. 6 Ebenso wenn du einen „Wein- oder Ölkrug"[342] anbrichst, nimm das erste und gib es den Propheten.

7 Vom Geld, von Kleidungsstoffen, von jeglichem Besitz nimm nach Gutdünken die Erstlinge und gib sie gemäß dem Gesetze.[343]

---

338 Wörtl. „Nahrung", „Essen", s. Mt 10,10. Lukas überliefert das Herrenwort mit Lohn statt Essen: Lk 10,7. Paulus zitiert Lukas (1.Tim 5,18).

339 Die Apostel betrachteten Lehrer als Arbeiter, die mindestens genauso Anrecht auf Lohn und Lebensunterhalt haben wie Arbeiter, wenn nicht doppelt so viel. 1. Tim 5,17-18; Gal 6,6.

340 Ex 22,29; 23,19; 34,26; Num 18,12.

341 Oder: „Wenn du einen Teig machst, nimm die erste Frucht..." Vgl. 3.Kön 17,13 (LXX) bzw. 1.Kön 17,13 (MT).

342 Vgl. Num 18,12.

343 Die „Erstlinge" waren immer das Erste und Beste, was man produzierte: die ersten Früchte des Feldes, die Erstgeburt bei Menschen und Tieren, die ersten Waren, die hergestellt wurden am Hof, in Küche oder Werkstatt. Diese gehörten Gott, bzw. den Priestern und Propheten, also den Männern Gottes und ihren Familien. Dieses Gesetz Gottes diente zum Ausgleich, damit die Menschen, die materielle Güter herstellten, jene damit versorgten, die geistliche Arbeiten verrichteten. So dienten und versorgten alle einander. Das Gesetz soll in diesem Sinne in der Gemeinde Christi fortgeführt werden. 2.Kor 8,13-14; Röm 15,26-27; Gal 6,6.

XIV
Versammlung am Tag des Herrn

1 An jedem Tage des Herrn[344] versammelt euch, brechet das Brot und saget Dank, nachdem ihr zuvor eure Sünden bekannt habet, damit euer Opfer[345] rein sei.

2 Jeder aber, der mit seinem Freunde einen Streit hat, soll sich nicht bei euch einfinden, bis sie versöhnt sind, damit euer Opfer nicht entweiht werde. 3 Denn so lautet der Ausspruch des Herrn: „An jedem Ort und zu jeder Zeit soll man mir darbringen ein reines Opfer, weil ich ein großer König bin, spricht der Herr, und mein Name wunderbar ist bei den Völkern."[346]

---

344 Jeden Sonntag. Am Tag nach dem Sabbat stand der Herr von den Toten auf. Daher nannten die Christen den achten bzw. ersten Tag der Woche ab sofort „den Tag des Herrn" (s. Offb 1,10). Auf Latein hieß er seitdem bei den Christen „Dominica dies" (Tag des Herrn). Davon leitet sich das Wort für Sonntag in romanischen Sprachen (die aus dem Lateinischen kommen) ab: Italienisch *Domenica*, Französisch *Dimanche*, Spanisch *Domingo* oder Rumänisch *Duminică*. Ausführlichere Erklärungen hier: https://dielehrederapostel.info/lehre/gegen-die-irrlehren/der-tag-des-herrn.

345 Gemeint sind keine Tieropfer, Speiseopfer u.dgl. Die frühen Christen brachten als Opfer Gebete, Lob, Danksagung, gute Werke, Liebesgaben untereinander; sie opferten ihren Leib, ja ihr ganzes Leben für Gott, d.h. sie lebten wie es Gott gefällt bis in den Tod. 1.Petr 2,5; Offb 5,8; Röm 12,1; Hebr 13,15-16; Phil 4,18; 2.Kor 12,15; vgl. 2.Tim 4,6.

346 Mal 1,11.14 nach der Septuaginta.

XV

Bischöfe und Diakone. Brüderliche Zurechtweisung

1 So ernennt[347] euch Bischöfe und Diakone, würdig des Herrn, Männer voll Güte und frei von Geldliebe,[348] die wahrhaftig und erprobt sind;[349] denn sie sind es, die für euch versehen den (heiligen) Dienst der Propheten und Lehrer.[350] 2 Achtet sie deshalb nicht gering; denn sie sind eure Geehrten mit den Propheten und Lehrern.[351] 3 Weiset einander zurecht nicht im Zorn, sondern in Frieden, wie ihr's im Evangelium habt;[352] und mit jedem, der sich verfehlt hat[353] gegen seinen Nächsten, soll keiner sprechen, und er soll von euch nichts hören,[354] bis er sich bekehrt hat. 4 Eure Gebete, eure Almosen und alle eure Handlungen sollt ihr so verrichten, wie ihr's habt im Evangelium unseres Herrn.[355]

---

347 Ein weiterer Hinweis für die frühe Entstehungszeit der Didache. Hier werden Bischöfe und Diakone noch *ernannt* (griech. cheirotoneo), wie es der Lehre und Praxis der Apostel im NT entspricht (Apg 14,23; 2.Kor 8,19), und nicht *geweiht*, wie es die Kirche in späteren Zeiten machte. Ebenso ist hier die hierarchische Abstufung zwischen Bischöfen und Ältesten der späteren Kirche noch nicht vorhanden, sondern eine flache Hierarchie wie zur Zeit der Apostel. Vgl. 1.Petr 5,1.

348 1.Tim 3,3; Tit 1,7; 1.Petr 5,2.

349 1.Tim 3,10.

350 Bischöfe und Diakone stehen auf der selben geistlichen Stufe wie Propheten und Lehrer. Noch ein Hinweis, wie früh die Didache geschrieben wurde, denn das änderte bald die institutionelle Kirche, die eine steile, vielstufige Hierarchie der Ämter und Titel erfand.

351 1.Tim 5,17; 1.Thess 5,12-13; Hebr 13,17; Gal 6,6.

352 Mt 18,15-18; Lk 17,3; 1.Tim 5,1-2.

353 Wörtl. der von der Lehre abgewichen ist, s. 1.Tim 1,6. 6,21; 2.Tim 2,18.

354 1.Kor 5,9-11; 2.Joh 1,9-10; 2.Thess 3,6.

355 Mt 6,2ff; Lk 12,33-34.

XVI
Wachsamkeit bis zum Kommen des Herrn

1 „Wachet" für euer Leben; „eure Lampen sollen nicht ausgehen und der Gurt um eure Lenden" soll sich nicht lockern, „seid vielmehr bereit, denn ihr wisset nicht die Stunde, in der unser Herr kommt."[356]

2 Ihr sollt fleißig zusammenkommen,[357] indem ihr nach dem strebet, was euren Seelen zukommt; denn es wird euch die ganze Zeit des Glaubens nichts nützen, wenn ihr nicht in der letzten Stunde vollkommen seid.[358] 3 Denn in den letzten Tagen werden sich mehren die falschen Propheten und die Verderber, und die Schafe werden zu Wölfen umgewandelt, und die Liebe wird verwandelt werden in Hass.[359]

4 Wenn nämlich die Gesetzlosigkeit sich steigert,[360] werden sie einander hassen, verfolgen und ausliefern, dann wird erscheinen der Verführer der Welt[361], wie der Sohn Gottes wird er auch „Zeichen und Wunder tun,"[362] und die Erde wird in seine Hände überliefert werden, und er wird Gräuel verüben, wie sie von Ewigkeit her noch nicht geschehen sind.[363]

---

356 Mt 24,42.44; 25,13; Lk 12,35.
357 Gemeint ist die tägliche Versammlung, s. Apg 2,46. Auch das ist ein Zeichen der frühen Entstehungszeit der Didache. Ab dem 4.Jh war nur noch die wöchentliche Versammlung Pflicht (am Sonntag). Später wurde die Minimalanforderung für „Christen" auf einmal im Jahr herunter gesetzt.
358 Barnabas IV,9; Mt 24,13; Gal 2,2; 2.Tim 2,12; Phil 2,16; Hebr 10,36; Apg 20,24; 1. Kor 9,24-25; Offb 14,12.
359 Mt 24,4-12.
360 Mt 24,12.
361 2.Thess 2, 3.4.8; Offb 12, 9.
362 Mt 24,24; 2.Thess 2,9; Offb 13,13.
363 Mt 24,15; Mk 13,14; Offb 13,5-6.

5 Dann wird das Geschlecht der Menschen kommen in die Feuerprüfung[364], und „viele werden Ärgernis nehmen"[365] und zugrunde gehen; die aber ausharren in ihrem Glauben, werden von dem (durch die Verführer) Verfluchten[366] selbst „gerettet werden"[367]. 6 „Und dann werden die Zeichen der Wahrheit erscheinen; zuerst das Zeichen, dass der Himmel sich auftut, dann das Zeichen des Trompetenschalles"[368] und das dritte: die Auferstehung der Toten, 7 aber nicht aller, sondern, wie gesagt ward: „Kommen wird der Herr und alle Heiligen mit ihm."[369]

8 „Dann wird die Welt den Herrn kommen sehen auf den Wolken des Himmels."[370]

---

364 Griech. purosis. Das selbe Wort verwendet Petrus in 1.Petr 4,12.

365 Mt 24,10.

366 Der durch die Verführer verfluchte ist Christus selbst.

367 Mt 10,22; 24,13; Mk 13,13.

368 Mt 24,30-31; 1.Kor 15,52; 1.Thess 4,16.

369 Sach 14,5; Die Rede ist von der ersten Auferstehung. Wenn Jesus wieder kommt, werden zunächst nur jene auferstehen, die davor für Ihn als Märtyrer starben. Das ist die erste Auferstehung (1.Thess 4,16; 1.Kor 15,23; Offb 20,4-6). Diese Auferstandenen werden anschließend 1000 Jahre gemeinsam mit Christus auf der Erde herrschen. Nach diesem tausendjährigen Reich erfolgt die zweite Auferstehung, die aller restlichen Toten zum Endgericht (Offb 20,13). Das wird alles in der Offenbarung erklärt. Dass die Didache das tausendjährige Reich genauso verschweigt wie die zweite Auferstehung und nur die erste Auferstehung kennt, ist der letzte Beweis, dass sie vor der Offenbarung geschrieben wurde. Nach dem Erscheinen der Offenbarung verkündeten die Christen beide Auferstehungen, davor konzentrierten sie sich auf die erste. Auch das hilft beim Datieren.

370 Mt 24,30. 26,64; Apg 1,11.

Erster Brief des Klemens an die Korinther

96, Westen

> Die Gemeinde Gottes, die zu Rom in der Fremde lebt, an die Gemeinde Gottes, die zu Korinth in der Fremde lebt,[371] den Berufenen, nach dem Willen Gottes durch unseren Herrn Jesus Christus Geheiligten, Gnade sei euch und Friede in reicher Fülle von dem allmächtigen Gott durch Jesus Christus.

So beginnt Klemens seinen Brief an die Korinther, in dem er nie seinen Namen nennt. Offiziell ist es ein Brief der Römischen Gemeinde an die Korinthische. Alle frühen Christen weisen ihn Klemens zu, wenn sie ihn erwähnen oder zitieren. Klemens von Rom, der Paulusschüler, war zu der Zeit Bischof von Rom und so besteht kein Zweifel, dass er federführend war. Es gibt Gemeinsamkeiten zu den Korintherbriefen des Paulus. Wieder droht eine Spaltung in Korinth, wieder muss ein Mann Gottes aus der Ferne per Brief mahnend eingreifen und die Verantwortlichen zurechtweisen, wobei der jetzige Streit schlimmer ist als zur Zeit des Apostel Paulus. Uns geben die Streitereien die Gelegenheit, tief in die Lehre und Praxis der Apostel zu blicken. Mit welchen Worten und Methoden bewahrten sie die Ordnung in den Gemeinden und wie verstanden sie das Evangelium? Klemens verkörpert die zweite Generation nach den Aposteln, eine, von der wir wenige Schriftstücke haben. Jedes einzelne ist eine Perle, einerseits wegen der Klarheit und Nähe zur unverfälschten Lehre der Apostel, andererseits wegen des Seltenheitswertes. Im frühen Christentum galt der Klemensbrief als inspiriertes Wort Gottes. Er wurde in etwa zur Zeit der Offenbarung des Johannes verfasst. Mehr Erklärungen auf unserer Website (der QR-Code führt dorthin).

---

371 Die Apostel lehrten, dass jede Gemeinde in der Fremde lebt, weil alle Christen Fremde i. d. Welt sind. 1.Petr 1,1.17. 2,11; Hebr 11,13; Diog V.

I
Der gute Stand der Korinther vor dem Streit

1 Wegen der plötzlichen und einander nachfolgenden Drangsale und Leiden bei uns, Brüder, glauben wir, etwas lässig sein zu dürfen, bis wir unsere Aufmerksamkeit den bei euch lebhaft verhandelten Dingen zuwendeten; wir meinen, Geliebte, den für die Auserwählten Gottes unpassenden und fremdartigen, den ruchlosen und unseligen Aufruhr, den einige wenige hitzige und verwegene Leute, die da sind, bis zu einem solchen Grade von Unverstand angefacht haben, dass euer ehrwürdiger, hochgerühmter und bei allen Menschen beliebter Name in hohem Grade verlästert wurde. 2 Denn wer ist bei euch eingekehrt und hätte nicht euren tüchtigen und festen Glauben gerühmt? Wer hätte nicht eure besonnene und geziemende Frömmigkeit in Christus bewundert? Wer hätte nicht die großartige Weise eurer Gastfreundschaft verkündet? Wer nicht eure vollkommene und zuverlässige Erkenntnis gerühmt? 3 Denn ohne Ansehen der Person tatet ihr alles[372] und nach den Gesetzen des Herrn war euer Wandel,[373] da ihr untertänig wart euren Vorgesetzten und die geziemende Ehrfurcht euren Bischöfen erzeigtet;[374] die Jungen wieset ihr an, eine gemäßigte und heilige Gesinnung zu hegen,[375] den Frauen befahlt ihr, alles in einem tadellosen, heiligen und reinen Gewissen[376] zu tun und ihre Männer in der richtigen Weise zu lieben; auch lehrtet ihr sie, in den Schranken der Unterwürfigkeit sich zu halten und das Hauswesen würdevoll zu besorgen und sich in jeglicher Hinsicht verständig zu benehmen.[377]

---

372 Barnabas XIX,4; Didache IV,3.
373 Barnabas XXI,1; Didache XV,4. XIII,5-7.
374 Didache XV, 2; 1.Tim 5,17; 1.Thess 5,12-13; Hebr 13,17; Gal 6,6.
375 Tit 2,6.
376 1.Tim 1,5; Hebr 13,18.
377 Tit 2,4-5.

II
Eifer der Korinther im Guten

1 Alle wart ihr demütiger Gesinnung, fern jeder Überhebung, lieber Untergeordnete als Gebieter,[378] freudiger zum Geben als zum Nehmen[379]; ihr wart zufrieden mit den Gütern, die Christus für den Lebensweg euch gab und auf sie bedacht;[380] seine Worte habt ihr gar sorgfältig eingeschlossen in euer Inneres,[381] und seine Leiden standen euch vor Augen. 2 So war allen ein tiefer und gedeihlicher Friede beschieden und ein unstillbares Verlangen, Gutes zu tun, und in vollen Strömen ergoss sich der Heilige Geist über (euch) alle. 3 Voll heiligen Eifers habt ihr in guter Absicht mit frommem Vertrauen eure Hände ausgestreckt zu dem allmächtigen Gott und ihn angefleht, er möge euch gnädig sein, wenn ihr euch unabsichtlich einer Übertretung schuldigt machtet. 4 Tag und Nacht wart ihr um die ganze Bruderschaft besorgt, auf dass mit Erbarmen und Gewissenhaftigkeit die Zahl von Gottes Auserwählten gerettet werde. 5 Ihr wart aufrichtig und arglos und trugt einander Schlimmes nicht nach.[382] 6 Jeder Streit und jede Spaltung war euch ein Gräuel. Über die Fehltritte des Nächsten empfandet ihr Schmerz; seine Sünden saht ihr an als eure eigenen.[383] 7 Keine gute Tat hat euch gereut, „zu jedem guten Werke wart ihr bereit"[384]. 8 Geschmückt durch einen ganz tugendhaften und ehrwürdigen Wandel, vollbrachtet ihr alles in seiner (des Herrn) Furcht; die Gebote und Satzungen des Herrn waren eingeschrieben auf die Wände eures Herzens.

---

378 Eph 5,21; 1.Petr 5,5

379 Didache IV, 5; Barnabas XIX,9.

380 Vgl. Didache I,5. IV,7-78.

381 Wörtl. ihr habt es in euren Eingeweiden verschlungen. Vgl. Spr 7,2-3.

382 Barnabas XIX,4. Didache II,3.

383 Vgl. Lev 19,17.

384 Tit 3,1.

III
Veränderung durch den Streit

1 Jeglicher Ruhm und volles Gedeihen ward euch zuteil, und es hat sich erfüllet das Wort der Schrift: „Er aß und trank, wurde dick und fett, da schlug er aus, der Geliebte"[385]. 2 Daher kommt Eifersucht und Neid, Streit und Aufruhr, Verfolgung und Unordnung, Krieg und Gefangenschaft. 3 So erhoben sich die Unbeachteten gegen die Geachteten, die Ruhmlosen gegen die Berühmten, die Unverständigen gegen die Weisen, die Jungen gegen die Alten.[386] 4 Deshalb ist weit weg geflohen die Gerechtigkeit und der Friede, indem jeder ablegte die Furcht Gottes und in seinem Glauben an Ihn erblindete, nicht mehr wandelte auf dem gesetzlichen Pfad Seiner Gebote noch ein Christus würdiges Leben führte,[387] sondern indem jeder den Leidenschaften seines bösen Herzens nachging: so nahmen sie die ungerechte und gottlose Eifersucht in sich auf, durch welche auch „der Tod in die Welt gekommen ist"[388].

---

[385] Dtn 32,15.

[386] Klemens spricht hier ein weit verbreitetes Übel an und spart nicht mit deutlichen Worten und Schuldzuweisungen. Wir denken an Roboam, den Sohn von Salomon, der die alten, bewährten Ratgeber seines Vaters entließ und ersetzte durch junge, unerprobte, törichte Männer, mit denen er aufgewachsen war (3.Kön 12,6ff). Das führte zur Spaltung des Königreiches. Die Geschichte wurde aufgeschrieben, damit wir daraus lernen. Aber leider wiederholt sie sich immer wieder. Es war noch nie gut, wenn sich Törichte über Weise, Unbeachtete gegen Geachtete und Junge über Alte erheben. Oder wenn Halbgebildete über Universitätsprofessoren, Ruhmlose über Nobelpreisträger, Unwissende über Wissende und Unaufmerksame über Wachsame urteilen. Das schafft Ungerechtigkeit, Streit und Spaltung. Klemens zeigt, wie man dagegen vorgehen muss.

[387] Eph 4,17-20.

[388] Weish 2,24.

IV
Eifersucht hat stets schlimme Folgen gezeitigt

1 So steht nämlich geschrieben: „Und es geschah nach einigen Tagen, da brachte Kain von den Früchten der Erde Gott ein Opfer dar, und Abel seinerseits brachte dar von der Erstgeburt der Schafe und von ihrem Fette.

2 Und Gott sah auf Abel und seine Gaben, Kain aber und seine Opfer beachtete er nicht. 3 Und Kain war gar sehr betrübt und sein Angesicht fiel ein.

4 Und Gott sprach zu Kain: Warum bist du gar so betrübt geworden und warum ist eingefallen dein Angesicht? Hast du nicht gesündigt, wenn du zwar richtig dargebracht, aber nicht richtig geteilt hast? 5 Beruhige dich; es kehrt zu dir zurück deine Gabe, und du sollst verfügen über sie.

6 Und Kain sprach zu seinem Bruder Abel: Wir wollen auf das Feld hinausgehen. Und es geschah, während sie auf dem Felde waren, erhob sich Kain gegen seinen Bruder Abel und schlug ihn tot."[389]

7 Sehet, Brüder, Eifersucht und Neid hat den Brudermord verschuldet. 8 Wegen der Eifersucht musste unser Vater Jakob fliehen vor dem Angesicht Esaus, seines Bruders.[390]

9 Die Eifersucht war schuld, dass Joseph bis zum Tode verfolgt wurde und dass er in Knechtschaft geriet.[391]

10 Eifersucht zwang Moses, vor dem Angesicht des Pharao, der König von Ägypten, zu fliehen, da er von einem Stammesgenossen hören musste: „Wer hat dich zum Richter oder Rä-

---

[389] Gen 4,3-8 nach der Septuaginta! Der MT weicht deutlich davon ab.
[390] Gen 27,41ff.
[391] Gen 37,4.18ff.

cher über uns gesetzt? Willst du etwa auch mich umbringen, wie du gestern den Ägypter erschlagen hast?"[392]

11 Wegen Eifersucht mussten Aaron und Mariam außerhalb des Lagers bleiben.[393]

12 Eifersucht führte Dathan und Abiron lebend in die Unterwelt hinab, weil sie sich widersetzten gegen Moses, den Diener Gottes.[394]

13 Wegen Eifersucht musste David Mordanschläge erleiden nicht nur von Leuten fremder Stämme, sondern auch von Saul, dem König Israels, wurde er verfolgt.[395]

---

392 Ex 2,14.

393 Num 12. Mariam wird heute oft Mirjam, aber auch Maria geschrieben. Siehe Anhang „Unterschiede bei biblischen Namen je Sprache".

394 Unterwelt: wörtl. Hades. Num 16,25.28-32.

395 1.Kön 18ff (1.Sam 18ff).

V
Auch die Apostel wurden Opfer der Eifersucht

1 Aber, um mit den alten Beispielen aufzuhören, wollen wir nun auf die Kämpfer der neuesten Zeit kommen; wir wollen die hervorstechendsten Beispiele unseres Zeitalters herausgreifen. 2 Wegen Eifersucht und Neid haben die größten und gerechtesten Männer, Säulen waren sie, Verfolgung und Kampf bis zum Tode ertragen. 3 Stellen wir uns die guten Apostel vor Augen:

4 einen Petrus, der wegen ungerechter Eifersucht nicht ein oder zwei, sondern vielerlei Mühseligkeiten erduldet hat und, nachdem er so sein Zeugnis (für Christus) abgelegt hatte, angelangt ist an dem ihn gebührenden Orte der Herrlichkeit.[396]

5 Wegen Eifersucht und Streit hat Paulus den Beweis seiner Ausdauer erbracht. 6 Siebenmal gefesselt,[397] vertrieben, gesteinigt, Herold (des Evangeliums) im Osten und Westen, holte er sich den herrlichen Ruhm seines Glaubens. 7 Er hatte Gerechtigkeit der ganzen Welt gelehrt, war bis in den äußersten Westen[398] vorgedrungen und hatte vor den Machthabern sein Zeugnis abgelegt, so wurde er weggenommen von dieser Welt und ging ein in den heiligen Ort, das größte Beispiel der Geduld.[399]

---

396 Das bestätigt den Märtyrertod von Petrus, ohne ihn auszuführen.

397 Klemens weiß offenbar mehr über Paulus als uns Lukas in der Apostelgeschichte überlieferte. Siehe auch nächste Fußnote. Das ist nicht überraschend, denn die mündliche Überlieferung war immer ausführlicher als die schriftliche. Die Schrift behauptet auch an keiner Stelle vollständig zu sein, im Gegenteil, sie weist wiederholt darauf hin, dass es noch mehr zu sagen und zu berichten gäbe. Vgl. Joh 21,25; 1.Kor 11,34.

398 Klemens bestätigt hiermit, dass sein Lehrer Paulus in Spanien war.

399 Auch das Wissen über den Märtyrertod von Paulus setzt Klemens bei seinen Lesern voraus. Er beweist ihn nicht, schildert ihn nicht, sondern erwähnt ihn nur als selbstverständlichen Pfeiler seiner Argumentation.

VI
Schaden der Eifersucht überall

1 Diesen Männern, die einen heiligen Wandel geführt haben, ward zugesellt eine große Zahl Auserwählter, die wegen der Eifersucht durch viele Misshandlungen und Prüfungen gelitten haben und so unter uns zum herrlichsten Vorbild geworden sind.

2 Frauen wurden wegen der Eifersucht verfolgt, wie Danaiden und Dirken,[400] ertrugen fürchterliche und grauenhafte Peinen, wandelten so auf dem sicheren Pfade des Glaubens und holten sich den herrlichen Preis, obwohl sie schwach am Leibe waren. 3 Eifersucht hat schon Frauen ihren Männern entfremdet und hat das Wort unseres Vaters Adam geändert: „Das nun ist Bein von meinem Beine und Fleisch von meinem Fleische."[401]

4 Eifersucht und Streit hat große Städte zerstört und große Völker mit der Wurzel ausgerottet.

---

400 Die Leiden der Christinnen in der Verfolgung unter Nero erinnern an die Danaiden, die in der Unterwelt Wasser in ein durchlöchertes Fass schöpfen müssen, und an Dirke, die von den Söhnen der von ihr misshandelten Antiope an die Hörner eines Stieres gebunden und so zu Tode geschleift wurde. Klemens zeigt uns hier, so wie später Minucius Felix (s. Buchempfehlung im Anhang), dass die frühen Christen bestens bewandert waren in der Griech. Mythologie und sie als Lehrstück in den Gemeinden gebrauchten. Unwissende Bibelleser, die der Griechischen Mythologie unkundig sind, phantasieren fremde Bedeutungen, die der Autor nie meinte, in Vergleiche wie diesen hinein und mutmaßen etwa, dass es sich bei den Namen um zwei Schwestern aus der christlichen Gemeinde handeln könnte. In Wahrheit spricht Klemens aber nicht von zwei, sondern einer nicht genannten Zahl von Frauen, die litten wie die Danaiden (die 50 Töchter des Danaos, König von Libya und später Argos) und wie die Dirke. Beide Geschichten standen damals wie oben beschrieben sprichwörtlich für fortwährende Leiden und fürchterliche Qualen.
401 Gen 2,23.

VII
Mahnung zur Umkehr

1 Dies, meine Geliebten, schreiben wir nicht nur zu eurer Ermahnung, sondern auch zu unserer eigenen Beherzigung; wir befinden uns ja auf demselben Kampfplatz, und der gleiche Kampf ist uns auferlegt. 2 Deshalb wollen wir die leeren und eitlen Sorgen aufgeben und wollen uns zuwenden der ruhmvollen und heiligen Regel der uns übergebenen Lehre, 3 und wollen sehen, was schön, erfreulich und angenehm ist in den Augen unseres Schöpfers.

4 Wir wollen hinblicken auf das Blut Christi und erkennen, wie kostbar es auch Gott seinem Vater ist, weil es, wegen unseres Heiles vergossen, der ganzen Welt die Gnade der Reue gebracht hat.

5 Lasset uns alle Geschlechter[402] durchwandeln und erkennen, dass der Herr einem jeden Geschlechte Gelegenheit zur Buße gab, allen, die sich zu ihm bekehren wollten.

6 Noe predigte Buße, und die auf ihn hörten, wurden gerettet.[403]

7 Jona[404] kündigte den Niniviten ihren Untergang an; sie taten Buße für ihre Sünden, versöhnten durch Gebet ihren Gott und erlangten Rettung, obwohl sie nicht zum Volk Gottes gehörten.

---

402 Geschlechter im Sinne von Generationen.

403 Gen 7; 1. Petr 3,20; 2. Petr 2,5. Vgl. Mt 24,37ff.

404 Jona 3; Mt 12,41.

VIII
Gott verspricht den Bußfertigen Vergebung

1 Die Diener der Gnade Gottes haben durch den Heiligen Geist über die Buße geredet, 2 ja auch Er selbst, der Gebieter über alle, hat über die Buße gesprochen unter einem Eidschwur: „So wahr ich lebe, spricht der Herr, ich will nicht den Tod des Sünders, sondern dass er Buße tue";[405] und Er fügt den guten Rat hinzu: 3 „Haus Israel, bekehre dich von deiner Gottlosigkeit."[406] Sprich zu den Kindern meines Volkes: Wenn eure Sünden reichen von der Erde bis zum Himmel und wenn sie rot sind wie Scharlach und schwarz wie ein Bußsack und ihr euch aus ganzem Herzen zu mir bekehret und sprechet: „Vater", dann werde ich euch erhören wie ein heiliges Volk[407]. 4 Und an einer anderen Stelle spricht Er also: „Waschet und reiniget euch, entfernet eure Schlechtigkeit von euren Seelen vor meinen Augen. Lasset ab von eurer Bosheit, lernet Gutes tun, suchet gerecht zu sein, helfet den Unrecht Leidenden, seid ein Anwalt dem Waisenkind, und der Witwe verschaffet Recht! Dann kommt hierher, und wir wollen rechten miteinander, spricht der Herr. Und wenn eure Sünden sind wie Purpur, werde ich sie weiß machen wie Schnee, und wenn sie sind wie Scharlach, will ich sie weiß machen wie Wolle. Und wenn ihr guten Willen habt und auf mich höret, sollt ihr die Güter der Erde genießen; wenn ihr aber keinen guten Willen habt und nicht auf mich höret, wird das Schwert euch fressen. Der Mund des Herrn hat dies gesprochen."[408] 5 Da Er also wollte, dass alle Seine Lieblinge teilhaben an der Buße so bestärkte Er sie mit seinem allmächtigen Willen.

---

[405] Ez 33,11.

[406] Ez 18,30.

[407] Clemens von Alexandria bringt das selbe Zitat und sagt, es sei von Ezechiel (Paidagogos I, X, 91, 2). Vgl. Ez 18,21f; Jes 1,18.

[408] Jes 1,16-20.

IX
Vollkommene Beispiele: Enoch und Noe

1 Deshalb wollen wir hören auf Seinen heiligen, ruhmvollen Willen, Sein Erbarmen und Seine Güte erflehend, niederfallen und uns zuwenden Seinen Erbarmungen, nachdem wir aufgegeben haben die nutzlose Mühe, den Streit und die Eifersucht, die zum Tode führt.

2 Hinschauen wollen wir auf die, die in Vollkommenheit Seiner erhabenen Herrlichkeit gedient haben.

3 Nehmen wir Enoch[409], der in Gehorsam gerecht befunden und entrückt wurde, ohne dass von seinem Tod eine Spur entdeckt wurde.

4 Noe[410] wurde als gläubig befunden und verkündete durch seinen (Gottes-) Dienst der Welt ihre Wiedergeburt, und durch ihn hat der Herr die Tiere gerettet, die in Eintracht in die Arche gegangen waren.

---

409 Gen 5,24; Hebr 11,5.
410 Gen 6,8; Hebr 11,7.

X
Das Beispiel Abrahams

1 Abraham, der Freund genannt,[411] wurde als gläubig befunden, weil er den Worten Gottes gehorsam war.[412] 2 Dieser ging in Gehorsam weg aus seinem Lande, aus seiner Verwandtschaft und aus seinem Vaterhause, um ein kleines Land, eine schwache Verwandtschaft und ein kleines Haus zu verlassen und dafür die Verheißungen Gottes zu erben. Denn Er sagt ihm: 3 „Gehe hinweg aus deinem Lande und aus deiner Verwandtschaft und aus dem Hause deines Vaters in das Land, das ich dir zeigen werde; und ich werde dich zu einem großen Volke machen und ich werde dich segnen und werde deinen Namen groß machen, und du wirst gesegnet sein; und ich werde segnen, die dich segnen, und verfluchen, die dich verfluchen, und in dir werden gesegnet werden alle Geschlechter der Erde."[413]

4 Und wiederum bei seinem Abschied von Lot sagte ihm Gott: „Erhebe deine Augen und schaue von dem Orte, wo du jetzt bist, nach Norden und Süden, nach Osten und Westen; denn alles Land, das du siehst, ich werde es dir und deinem Samen geben auf ewig. 5 Und ich werde deine Nachkommen machen wie den Staub der Erde; wenn einer den Staub der Erde zählen kann, wird man auch deinen Samen zählen können."[414]

6 Und wiederum sagt Er: „Gott führte den Abraham heraus und sagte zu ihm: Schaue auf zum Himmel und zähle die Sterne, wenn du sie zählen kannst; so wird dein Same sein. Abraham glaubte aber seinem Gott, und es wurde ihm angerechnet zur Gerechtigkeit."[415]

---

411 Jak 2,23; 2.Chr 20,7; Vgl. Jes 41,8; Dan 3,35.
412 Gen 26,5.
413 Gen 12,1-3.
414 Gen 13,14-16.
415 Gen 15,5.6; Röm 4,3.

7 Wegen seines Glaubens und seiner Gastfreundschaft[416] wurde ihm im Alter ein Sohn geschenkt, und im Gehorsam brachte er ihn Gott als Opfer hin auf einen der Berge, die Er ihm gezeigt hatte.[417]

---

416 Klemens hebt hier die Gastfreundschaft als entscheidende Ergänzung zum Glauben und der Frömmigkeit hervor und wird das in Folge bei allen weiteren Beispielen wiederholen. Vgl. Hebr 13,2.

417 Gen 22; Hebr 11,17.

XI
Das Beispiel Lots

1 Wegen Gastfreundschaft und Frömmigkeit wurde Lot aus Sodoma gerettet, während die ganze Umgebung durch Feuer und Schwefel gerichtet wurde; der Herr hatte es ja vorher verkündet, dass Er die nicht verlässt, die auf Ihn hoffen, dass Er aber den Abtrünnigen Strafe und Qual auferlegt.[418] 2 Denn sein Weib, das mit ihm herausgezogen, aber anderer Meinung und nicht eines Sinnes mit ihm war [bezüglich des Befehls, der ihnen gegeben worden war], wurde ein Exempel - sie wurde nämlich zu einer Salzsäule bis auf den heutigen Tag[419] -, damit allen es ersichtlich sei, dass die mit geteiltem Herzen und die, welche an der Macht Gottes zweifeln, zum Gericht und zum Warnungszeichen für alle Geschlechter[420] werden.

---

418 Gen 19; vgl. 2.Petr 2,6-9.
419 So Josephus, Altertümer., I. 11, 4; Irenäus, Gegen d. Här., IV, 31.
420 Geschlechter im Sinne von Generationen.

XII
Das Beispiel Raabs

1 Wegen ihres Glaubens und ihrer Gastfreundschaft wurde Raab, die Dirne, gerettet.[421] 2 Als nämlich Jesus, der Sohn Naves[422], Späher nach Jericho geschickt hatte, erfuhr der König des Landes, dass sie gekommen waren, um ihr Land auszukundschaften, und er sandte Männer aus, sie zu ergreifen, um sie dann zu töten. 3 Die gastliche Raab nahm sie nun auf und verbarg sie im Obergemach unter dem Flachse. 4 Als aber die Leute des Königs vor ihr standen und sagten: „Bei dir sind die eingekehrt, die unser Land auskundschaften, führe sie heraus, denn der König gebietet es so", erwiderte sie: „Die Leute, die ihr suchet, sind zwar zu mir gekommen, aber sogleich sind sie wieder weggegangen und sie ziehen ihres Weges weiter"[423], dabei zeigte sie ihnen eine andere Richtung. 5 Und sie sprach zu den Männern: „Ich sehe es klar ein, dass Gott der Herr euch dieses Land gibt; denn Angst und Furcht vor euch hat die Bewohner desselben ergriffen. Wenn es nun geschieht, dass ihr das Land in Besitz nehmet, rettet mich und das Haus meines Vaters."[424] 6 Und sie sagten zu ihr: „So soll es sein, wie du uns gesagt hast. Wenn du uns also heranrücken siehst, dann versammle alle deine Angehörigen unter deinem Dache, und sie werden gerettet werden; denn alle, die man außerhalb des Hau-

---

421 Jos 2; Hebr 11.31; Vgl. Hebr 13,2.

422 Zur Zeit Christi und die darauf folgenden Jahrhunderte hatte der Nachfolger von Moses auf Hebräisch, Griechisch und Latein denselben Vornamen wie der Christus. Auch das Buch „Josua" hieß damals „Jesus". Später wurde „Jesus, der Sohn Naves" umbenannt in „Josua, der Sohn Nuns". Dadurch gingen geistliche Aussagen in der Schrift verloren, die den frühen Christen allein schon durch die selben Namen vor Augen waren. Etwa, dass Moses das Volk Gottes nur bis zum Jordan, Jesus es aber durch den Jordan ins gelobte Land führte.

423 Jos 2,3-5.

424 Jos 2,9-13.

ses antrifft, werden verloren sein."[425] 7 Und sie rieten ihr, ein Zeichen zu geben, dass sie zu ihrem Hause ein rotes (Seil) her- aushängen solle; damit offenbaren sie, dass durch das Blut des Herrn Erlösung zuteil werden soll allen, die an Gott glauben und auf ihn hoffen.[426]

8 Sehet, Geliebte, nicht nur Glaube, sondern sogar die Pro- phetengabe hat in dem Weibe gewohnt.

---

[425] Jos 2,14.18-19.

[426] Spätere Väter übernehmen genau die selbe Symbolik und Interpretation, z.B. Justin d. Märtyrer, DialTryph 111,4; Irenäus, GdHär IV,20.

XIII
Mahnung zur Demut und Barmherzigkeit

1 Daher wollen wir, Brüder, demütigen Sinnes sein, ablegen jede Prahlerei, Hochmut, Unbesonnenheit, Zorn und erfüllen, was geschrieben steht (es sagt nämlich der Heilige Geist: „Nicht rühme sich der Weise seiner Weisheit noch der Starke seiner Stärke noch der Reiche seines Reichtums, sondern wer sich rühmt, rühme sich im Herrn, damit er ihn suche und Recht und Gerechtigkeit übe"[427]). Dabei wollen wir vor allem eingedenk sein der Worte des Herrn Jesus, die Er sprach, da Er uns Geduld und Langmut lehrte. 2 Denn so hat Er gesprochen: „Seid barmherzig, damit ihr Barmherzigkeit erlanget; verzeihet, damit ihr Verzeihung findet; wie ihr tuet, so wird man euch tun; wie ihr gebet, so wird euch gegeben werden; wie ihr richtet, so werdet ihr gerichtet werden; wie ihr Milde übet, so werdet ihr Milde erfahren; mit welchem Maße ihr messet, mit dem wird euch gemessen werden."[428]

3 Mit diesem Gebote und diesen Vorschriften wollen wir uns stärken, damit wir wandeln im Gehorsam gegen Seine heiligen Worte, demütigen Sinnes; denn also spricht das heilige Wort: 4 „Wen werde ich ansehen, außer den Sanftmütigen und den Friedlichen und den, der vor meinen Worten zittert?"[429]

---

[427] Jer 9,23-24; 1.Kor 1,31; 2.Kor 10,17.
[428] Mt 6,15. 7,1-2.12; Lk 6,31.36-38.
[429] Jes 66,2.

XIV
Folget lieber Gott als den Aufrührern!

1 Es ist daher recht und heilig, Männer, Brüder, mehr Gott untertan zu sein, als denen zu folgen, die in Prahlerei und Abfall Führer zu verruchter Eifersucht sind. 2 Denn wir werden nicht in den nächstbesten geringen Schaden, vielmehr in große Gefahr uns stürzen, wenn wir uns verwegen dem Willen von Leuten ausliefern, die es auf Streit und Aufruhr[430] abgesehen haben, um uns von dem, was gut ist, abzubringen.[431]

3 Lasst uns freundlich sein gegen uns selbst, gemäß der Freundlichkeit und Liebe unseres Schöpfers. 4 Denn es steht geschrieben; „Mildherzige werden wohnen im Lande, und Unschuldige werden in demselben bleiben, die Gottlosen aber werden daraus vertilgt werden."[432] 5 Und wiederum sagt [die Schrift]: „Ich sah den Gottlosen hochragend und erhaben wie die Zedern Libanons; und ich ging vorüber und siehe, er war nicht mehr, und ich suchte seinen Ort, aber ich fand ihn nicht. Bewahre die Unschuld und schaue auf Gerechtigkeit, weil ein Rest bleibt dem friedfertigen Menschen."[433]

---

430 Griech. haireseis (Sekten).
431 Barn XIX,2.
432 Spr 2,21-22; Ps 36,9.
433 Ps 36,35-37.

XV
Wir müssen uns an diejenigen halten, die den Frieden pflegen, und nicht an jene, die dies nur vorgeben!

1 Deshalb wollen wir uns denen anschließen, die in Frömmigkeit den Frieden pflegen, aber nicht denen, die heuchlerisch behaupten, ihn zu wollen.[434] 2 Es sagt nämlich [die Schrift] an einer Stelle: „Dieses Volk ehrt mich mit den Lippen, aber ihr Herz ist ferne von mir."[435] 3 Und wiederum: „Mit ihrem Munde segneten sie, mit ihrem Herzen fluchten sie."[436] 4 Und wieder sagt sie: „Sie liebten ihn mit dem Munde, und mit ihrer Zunge täuschten sie ihn, ihr Herz aber meint es nicht aufrichtig mit ihm, und sie wurden nicht für treu erachtet in seinem Testamente."[437] 5 „Deshalb sollen stumm werden die trügerischen Lippen, da sie Schlimmes reden wider den Gerechten."[438] Und wiederum: „Verderben wird der Herr alle die trügerischen Lippen, eine prahlerische Zunge, Leute, die sprechen: Unsere Zunge wollen wir berühmt machen, unsere Lippen stehen uns bei; wer ist unser Herr? 6 Wegen des Elends der Darbenden und wegen des Seufzens der Armen will ich jetzt mich erheben, spricht der Herr; ich will Rettung bringen; 7 offen werde ich dabei zu Werke gehen."[439]

---

434 Barn XIX,2.
435 Jes 29,13; Mt 15,8; Mk 7,6.
436 Ps 61,5.
437 Ps 77,36-37.
438 Ps 30,19.
439 Ps 11,4-6.

XVI
Christus, unser Vorbild für Demut

1 Den Demütigen gehört nämlich Christus, nicht denen, die sich erheben über Seine Herde. 2 Das Szepter der Majestät Gottes, der Herr Jesus Christus, ist nicht erschienen in prahlerischem und auffallendem Prunke, obwohl Er es gekonnt hätte, sondern in Demut, wie der Heilige Geist von Ihm verkündet hatte; Er sagt nämlich:

3 „Herr, wer hat unserer Predigt geglaubt? Wem ist der Arm des Herrn offenbar geworden? Wir redeten angesichts seiner: er ist wie ein Kindlein, wie ein Schössling in dürstendem Erdreich; er hat nicht Gestalt noch Würde; und wir haben ihn gesehen, und er hatte weder Gestalt noch Schönheit, vielmehr ist seine Gestalt unscheinbar, zurückbleibend hinter der Gestalt der Menschen; er ist ein Mann in Wunden und Weh und versteht Krankheit zu tragen; weil sich abgewendet hat sein Antlitz, deshalb wurde er zurückgesetzt und nicht beachtet. 4 Er trägt unsere Sünden und leidet für uns, und wir glaubten, er selbst sei in Weh und Schmerz und Elend. 5 Aber er ist verwundet unserer Sünden wegen und gezüchtigt ob unserer Missetaten. Zu unserem Frieden liegt auf ihm die Züchtigung, durch seine Striemen sind wir geheilt. 6 Alle gingen wir irre wie Schafe, der Mensch verirrte sich auf seinem Wege. 7 Und der Herr gab ihn dahin für unsere Sünden, und er selbst öffnete den Mund nicht wegen seiner Misshandlung. Wie ein Lamm wurde er zur Schlachtbank geführt, und wie ein Schaf stumm bleibt vor dem Scherer, so tat er seinen Mund nicht auf. In seiner Erniedrigung wurde seine Verurteilung aufgehoben. 8 Wer wird sein Geschlecht aufzählen? Da von der Erde sein Leben weggenommen wird. 9 Wegen der Missetaten meines Volkes wird er zum Tod geführt. 10 Und ich will hingeben die Bösen für sein Grab und die Reichen für seinen Tod; denn er hat nichts Böses getan, und in seinem Mund ward kein Trug gefunden. Und der

Herr will ihn befreien von seiner Qual. 11 Wenn ihr Opfer bringt für eure Sünden, wird eure Seele lang lebende Nachkommen sehen. 12 Und der Herr will mindern die Mühsal seiner Seele, will Licht ihm zeigen und durch Einsicht bilden, rechtfertigen den Gerechten, der vielen gut dient; und ihre Sünden will er selbst hin wegnehmen. 13 Deshalb wird er viele beerben und die Beute der Starken teilen dafür, dass seine Seele hingegeben wurde in den Tod und er gezählt wurde unter die Bösen. 14 Und er selbst hat die Sünden vieler getragen, und wegen ihrer Sünden wurde er dahingegeben."[440]

15 Und wiederum sagt Er selbst:

„Ich aber bin ein Wurm und kein Mensch, der Spott der Menschen und die Verachtung des Volkes. 16 Alle, die mich sahen, verlachten mich, schwatzten mit den Lippen und schüttelten das Haupt: Er hat auf Gott gehofft, er erlöse ihn, rette ihn, da er ihm geneigt ist."[441]

17 Ihr sehet, Geliebte, wer das Vorbild ist, das uns gegeben ist; wenn nämlich der Herr sich so erniedrigt hat, was sollen dann wir tun, die wir unter das Joch Seiner Gnade durch Ihn selbst gekommen sind?

---

440 Jes 53,1-12 nach der LXX! Dieses Kapitel vom Prophet Jesaja ist in der Septuaginta, der Heiligen Schrift unseres Herrn Jesus und Seiner Apostel, völlig anders als die Jahrhunderte später erstellte Masoretentext, den aber die meisten Bibeln verwenden. Wir stellten das ganz Kapitel Vers für Vers in beiden Grundtexten gegenüber auf unserer Website: https://dlda.info/die-heilige-schrift/septuaginta-vs-masoretentext/herr-wer-glaubte-unserer-botschaft

441 Ps 21,7-9.

XVII
Die Propheten, Vorbilder für Demut

1 Wir wollen Nachahmer sein auch derjenigen, die in Ziegen- und Schaffellen einherzogen und die Ankunft Christi verkündeten; ich meine die Propheten Elias, Eliseai[442] und dazu noch Ezechiel, zusammen mit den anderen, die ein gutes Zeugnis erhalten haben [in der Schrift]. 2 Ein herrliches Zeugnis wurde dem Abraham gegeben, Freund Gottes[443] wurde er genannt, und er sprach die Herrlichkeit Gottes betrachtend in Demut: „Ich aber bin Erde und Asche."[444] 3 Ferner steht auch über Job[445] also geschrieben: „Job aber war gerecht und untadelig, wahrheitsliebend, gottesfürchtig, von allem Bösen ferne."[446] 4 Aber er selbst klagt sich an mit den Worten: „Keiner ist rein von Schmutz, auch wenn sein Leben nur einen Tag dauert."[447]

5 Moses wurde treu im ganzen Hause Gottes genannt,[448] und durch seinen Dienst strafte Gott Ägypten durch die Plagen und Qualen, (die er) gegen sie (sandte). Aber auch er führte, obwohl hochgeehrt, keine hochfahrenden Reden, sondern sprach, als ihm die Offenbarung im Dornbusch gegeben wurde: „Wer bin ich, dass Du mich sendest? Ich habe eine schwache Stimme und eine schwere Zunge."[449] 6 Und wieder sagt er: „Ich aber bin Dunst, (der) von einem Kochtopfe (aufsteigt)."[450]

---

442 In deutschen Bibeln heißen die beiden Propheten meist Elia und Elisa. Siehe Anhang „Unterschiede bei biblischen Namen je Sprache".

443 K. X,1.

444 Gen 18,27.

445 Seit Luther ist er unter dem Namen Hiob bekannt. Siehe Anhang.

446 Job 1,1.

447 Job 14,4-5.

448 Num 12,7; Hebr 3,2.

449 Ex 3,11. 4,10.

450 Diese Stelle befindet sich nicht unserer Schrift. Klemens kannte offenbar mehr Schriften und (mündlich überlieferte) Zitate als wir.

XVIII
David, ein Vorbild für Demut

1 Was aber sollen wir sagen von David, der ein so gutes Zeugnis erhielt? Zu ihm sprach Gott: „Ich habe gefunden einen Mann nach meinem Herzen, David, Jessais Sohn, in ewigem Erbarmen habe ich ihn gesalbt."[451]

2 Aber auch er sprach zu Gott: „Erbarme Dich meiner, Gott, nach Deiner großen Barmherzigkeit, und nach der Menge Deiner Erbarmung lösche aus meine Missetat, 3 Mehr und mehr wasche mich von meiner Gesetzlosigkeit, und von meiner Sünde reinige mich; denn mein Unrecht sehe ich ein, und meine Sünde steht vor meinem Auge immerdar. 4 Gegen Dich allein habe ich gesündigt und das Böse habe ich vor Dir getan, damit Du für gerecht befunden werdest in Deinen Worten und den Sieg erhaltest, wenn man Dich richtet.

5 Denn siehe, in Gesetzlosigkeit bin ich empfangen, und in Sünden hat meine Mutter mich empfangen. 6 Denn siehe, die Wahrheit hast Du geliebt; das Verborgene und Geheime Deiner Weisheit hast Du mir geoffenbart. 7 Du wirst mich mit Ysop besprengen und ich werde rein sein; Du wirst mich waschen, und ich werde weißer sein als Schnee. 8 Du wirst mich Freude und Jubel hören lassen, dann werden frohlocken die zerschlagenen Gebeine. 9 Wende weg Dein Angesicht von meinen Sünden und lösche aus alle meine Missetaten.

10 Ein reines Herz erschaff in mir, mein Gott, und einen aufrichtigen Geist mache neu in meinem Innern. 11 Verstoße mich nicht von Deinem Angesicht, und Deinen Heiligen Geist nimm nicht von mir. 12 Gib mir zurück die Freude Deines Heiles, und mit führendem Geiste stärke mich.

---

451 Ps 88,21; 1.Kön 13,14 (1.Sam); Apg 13,22.

13 Lehren werde ich Gesetzlose Deine Wege, und Gottlose werden sich zu Dir bekehren.

14 Errette mich von Blutschuld, mein Gott, Du Gott meines Heiles.

15 Preisen wird meine Zunge Deine Gerechtigkeit; Herr, Du wirst öffnen meinen Mund, und meine Lippen werden verkünden Dein Lob.

16 Denn wenn Du ein Opfer gewollt hattest, hätte ich es gegeben; an Brandopfern wirst Du kein Gefallen haben.

17 Ein Opfer für Gott ist ein zerknirschter Geist; ein zerknirschtes und gedemütigtes Herz wirst Du, o Gott, nicht verschmähen."[452]

---

452 Ps 50,3-19.

XIX
Diesen Vorbildern der Demut sollen wir nacheifern

1 Die Demut also und Bescheidenheit so großer und solcher mit herrlichem Zeugnis ausgezeichneter Männer hat durch den Gehorsam nicht nur uns, sondern auch die Generationen vor uns besser gemacht, und zwar diejenigen, welche die Worte in Furcht und Wahrheit aufgenommen haben.

2 Da wir nun an so vielen großen und herrlichen Taten Anteil bekommen haben,[453] wollen wir uns wieder der Ausübung des Friedens zuwenden, der von Anfang an das uns gesteckten Ziele war, und lasst uns den Blick richten auf den Vater und Schöpfer der ganzen Welt und uns eng verbinden mit Seinen mächtigen und unübertrefflichen Gaben und Wohltaten des Friedens.

3 Betrachten wir Ihn mit unserem Verstand und schauen wir mit den Augen unserer Seele auf die Langmut Seines Willens. Lasst uns darüber nachdenken, wie gütig Er sich gegen seine ganze Schöpfung erzeigt.

---

453 Vgl. Hebr 12,1.

XX

Die Ordnung in der Schöpfung ist ein Beweis für die Friedensliebe Gottes

1 Die Himmel, die nach Seiner Anordnung sich bewegen, gehorchen Ihm in Frieden. 2 Tag und Nacht vollenden sie den von Ihm bestimmten Lauf, ohne einander im geringsten zu hindern. 3 Sonne und Mond und der Sterne Reigen durchkreisen nach Seinem Gesetze einträchtig ohne jede Abschweifung die ihnen vorgeschriebenen Bezirke.

4 Die Erde bringt Frucht nach Seinem Willen zur rechten Zeit und erzeugt für Menschen und Tiere und jegliches Wesen, das auf ihr lebt, reichliche Nahrung; dabei zögert sie nicht noch ändert sie etwas an Seinen Befehlen.

5 Der Abgründe unzugängliche und der Unterwelt unerforschliche Gerichte bestehen durch die gleichen Gesetze. 6 Das Becken des unendlichen Meeres - nach seiner Schöpfung zur Sammlung (der Wasser) festgebaut - überschreitet nicht die ihm rings gesetzten Schranken, sondern wie Er ihm befohlen, so tut es. 7 Er sagte nämlich: „Bis hierher sollst du kommen, und deine Wogen sollen in dir selbst zerfallen."[454] 8 Der Ozean, den Menschen nicht durchfahren können, und die Welten hinter ihm, werden durch die nämlichen Gesetze des Herrn regiert.

9 Des Frühlings, Sommers, Herbstes und Winters Zeiten lösen einander in friedlichem Wechsel ab. 10 Der Winde Posten tun zur bestimmten Zeit ohne Anstoß ihren Dienst. Nichtversiegende Quellen, zum Gebrauch, für die Gesundheit geschaffen, reichen unaufhörlich ihre den Menschen Leben spendenden Brüste; auch die kleinsten Tiere halten ihre Versammlungen in Eintracht und Friede.

---

454 Job 38,11.

11 Dies alles besteht nach des großen Schöpfers und Herrn der Welt Befehl in Friede und Eintracht, da Er allen Wohltaten spendet, in reichstem Übermaße aber uns, die wir unsere Zuflucht genommen zu Seinen Erbarmungen durch unseren Herrn Jesus Christus. 12 Ihm sei Ruhm und Herrlichkeit von Ewigkeit zu Ewigkeit. Amen.[455]

---

455 1.Tim 1,17; 1.Petr 5,11.

XXI
Lieber bei törichten Menschen anstoßen als bei Gott!

1 Sehet zu, Geliebte, dass nicht Seine vielen Wohltaten uns allen zum Gerichte werden, wenn wir nicht Seiner würdig wandeln und das Gute und Wohlgefällige vor Ihm tun in Eintracht. 2 Er sagt nämlich irgendwo[456]: „Der Geist des Herrn ist eine Leuchte, die das Innere des Leibes durchforscht."[457]

3 Betrachten wir, wie nahe Er ist, und dass Ihm nichts verborgen ist von unseren Gedanken oder von den Plänen, die wir schmieden.[458] 4 Es ist also recht, dass wir uns Seinem Willen nicht entziehen.

5 Lieber wollen wir bei Menschen, bei törichten, unverständigen, stolzen, die eingebildet sind auf ihre prahlerischen Reden, Anstoß erregen als bei Gott.[459]

6 Unseren Herrn Jesus Christus, dessen Blut für uns hingegeben wurde, wollen wir verehren, unsere Vorgesetzten wollen wir achten,[460] die Älteren[461] ehren, die Jugend wollen wir erziehen in der Zucht der Gottesfurcht,[462] unsere Frauen wollen wir zum Guten anleiten: 7 Sie sollen der Keuschheit liebenswürdi-

---

456 „irgendwo": Das ist typisch für die Lehre der Apostel, die weder Kapitel noch Verse kannten (diese wurden erst viel später hinzugefügt), sondern freier zitierten. Sie lernten das von Jesus, der oft nur „die Schrift sagt" oder „es steht geschrieben" erwähnte, ohne Angabe in welchem Buch es steht. Das mussten die Zuhörer selbst wissen oder herausfinden. Auch Paulus zitierte genauso: Röm 4,3. 10,11; Gal 3,8. 4,30; 1.Tim 5,18.

457 Spr 20,27.

458 Weish 1,7-10; Spr 24,12.

459 Röm 2,29; Spr 29,25; Apg 4,19; Gal 1,10; Eph 6,5-7.

460 Hebr 13,17; 1.Thess 5,12-13.

461 Oder „die Presbyter".

462 2.Tim 3,14-17; Didache IV,9; Barnabas XIX,5.

ge Sitte zeigen, sollen ihrer Sanftmut unversehrte Gesinnung an den Tag legen, die Mäßigung ihrer Zunge durch ihr Schweigen kund tun;[463] ihre Liebeswerke sollen sie nicht tun nach Neigung, sondern sie in heiliger Gesinnung gleichermaßen allen zuwenden,[464] die Gott fürchten.[465]

8 Unsere Kinder sollen der Erziehung in Christus teilhaftig werden; sie sollen lernen, was demütiger Sinn bei Gott vermag, wie mächtig reine Liebe bei Gott ist, wie Gottesfurcht gut und groß ist und wie sie alle rettet,[466] die in ihr ein heiliges Leben führen in reiner Gesinnung.[467] 9 Er erforscht nämlich die Gedanken und Gesinnungen; Sein Odem wohnt in uns, und wenn Er will, nimmt Er ihn weg.[468]

---

463 1.Kor 14,34; 1.Tim 2,9-12; 2.Tim 2,9; Tit 2,4-6.

464 Vgl. 1.Tim. 5,21.

465 Die christliche Liebe gilt vor allem und zuerst jenen, die Gott fürchten. Joh 13,35. 15,12; Röm 12,10; 1.Thess 3,12. 4,9; Gal 6,10; 1.Petr 4,8.

466 1.Tim 2,10. 3,16. 4,8. 6,6; Ps 18,10. 33,12. 110,10; Spr 2,5-7.

467 Eph 1,4; 1.Thess 2,10; Tit 1,8; 1.Petr 1,15+16; Offb 20,6.

468 Gen 2,7; Job 27,3. 33,4. 34,14-15; Apg 17,25; Vgl Ez 21,7 nach d. LXX.

XXII
Der Glaube ist die Grundlage des friedlichen Lebens

1 All dies befestigt der Glaube an Christus. Denn auch Er selbst redet durch den Heiligen Geist[469] uns also an:

„Kommet her, Kinder, höret mich, Gottesfurcht will ich euch lehren. 2 Wer ist der Mensch, der das Leben liebt, gerne gute Tage sieht? 3 Halte ab deine Zunge vom Bösen, und deine Lippen, dass sie keine Lüge reden! 4 Wende dich weg vom Bösen und tue Gutes! 5 Suche den Frieden und jage ihm nach! 6 Die Augen des Herrn (sind gerichtet) auf die Gerechten und seine Ohren auf ihre Bitten. Das Antlitz des Herrn kehrt sich gegen die, die Böses tun, damit er ihr Andenken vertilge von der Erde. 7 Es rief der Gerechte, und der Herr erhörte ihn und befreite ihn aus all seiner Trübsal. 8 Zahlreich sind die Kümmernisse des Gerechten, aber aus allen wird ihn erretten der Herr."[470]

9 Sodann: „Zahlreich sind die Plagen des Sünders, aber die auf den Herrn vertrauen, wird Erbarmen umgeben."[471]

---

469 Dass Jesus Christus selbst auch durch die Psalmen zu uns redet, haben die Apostel von Ihm gelernt und ihren Jüngern überliefert. Lk 24,44-45.
470 Ps 33,12-18.20.
471 Ps 31,10.

XXIII
Fester Glaube an die Wiederkunft Christi

1 Der in allem barmherzige und gütige Vater hat ein Herz für die, die Ihn fürchten, gerne und freudig gibt Er Seine Gnadenerweisungen denen, die einfältigen Herzens zu Ihm kommen.

2 Deshalb sollen wir nicht zweifeln,[472] und unsere Seele soll sich nicht aufblähen ob Seiner überreichen und herrlichen Gnadengaben. 3 Nimmer passe auf uns dieser Schrifttext, wo es heißt: „Unglücklich sind die Zweifler, die geteilten Herzens sind und sagen: Dies haben wir gehört auch schon zur Zeit unserer Väter, und siehe, wir sind alt geworden, und nichts davon ist uns zugekommen."[473]

4 O ihr Toren, vergleichet euch mit einem Baum; nehmet einen Weinstock: zuerst verliert er die (alten) Blätter, dann wächst eine Knospe, dann ein Blatt, dann eine Blüte, hernach eine saure Traube, und dann erst ist die reife Traube da. Ihr sehet, dass in kurzer Zeit die Frucht des Baumes zur Reife gelangt.[474]

5 Wahrhaftig, schnell und plötzlich wird Sein Wille Vollendung finden, da ja auch die Schrift selbst hierfür Zeugnis gibt: „Schnell wird er kommen und nicht zögern"[475], und „plötzlich wird einziehen der Herr in seinen Tempel und der Heilige, den ihr erwartet."[476]

---

472 XI,2.

473 Manche meinen, diese Worte sind einem apokryphen Buch entnommen, andere, sie seien eine Verschmelzung von Jak 1,8 u. 2.Petr 3,3ff. Demütig müssen wir eingestehen, dass wir heute weniger wissen und weniger Schriften kennen als Klemens und seine Leser damals.

474 Vgl. Mt 24,32.

475 Hab 2,3; Hebr 10,37.

476 Mal 3,1.

XXIV
Wie Gott uns in der Natur fortwährend zeigt, dass es eine Auferstehung geben wird

1 Erwägen wir, Geliebte, wie der Herr fortwährend uns zeigt, dass es eine künftige Auferstehung geben werde, zu deren Erstling Er den Herrn Jesus Christus selbst machte, indem Er Ihn von den Toten auferweckte.[477]

2 Lasst uns, Geliebte, die Auferstehung betrachten, die zu seiner Zeit sich vollzieht.

3 Tag und Nacht zeigen uns die Auferstehung; die Nacht legt sich zur Ruhe, der Tag steht auf; der Tag zieht ab, die Nacht kommt heran.

4 Nehmen wir die Früchte! Wie und auf welche Weise wächst der Same? 5 „Es ging aus der Sämann"[478] und warf auf die Erde jegliches Saatkorn; alle fallen trocken und nackt zur Erde und gehen in Verwesung über; hernach erweckt sie aus der Verwesung die fürsorgliche Macht des Herrn, und aus einem wachsen viele und tragen Frucht.

---

477 1.Kor 15,20; Kol 1,18.
478 Mt 13,3.

XXV
Der Phönix, ein Symbol unserer Auferstehung

1 Betrachten wir auch das wunderbare Zeichen, das im Morgenlande geschieht, das heißt in den Gegenden rund um Arabien.

2 Es ist nämlich ein Vogel, der Phönix genannt wird. Dieser ist der einzige seiner Art und lebt fünfhundert Jahre; wenn er bereits der Auflösung im Tode nahe ist, baut er sich ein Nest aus Weihrauch, Myrrhe und sonstigen wohlriechenden Gewächsen; ist seine Zeit erfüllt, so geht er in dies Nest und stirbt. 3 Wenn dann das Fleisch verfault, entsteht ein Wurm, welcher sich von dem verfaulenden Leichnam des Tieres nährt und Flügel bekommt; wenn er dann kräftig geworden ist, hebt er jenes Nest, in dem die Knochen des Elterntieres sind, und fliegt mit ihnen von Arabien bis nach Ägypten in die Stadt Heliopolis 4 Und am helllichten Tag, vor den Augen aller Menschen, fliegt er auf den Altar des Helios, legt sie dort nieder und kehrt wieder zurück. 5 Die Priester prüfen dann die Aufzeichnungen der Zeiten und stellen fest, dass er genau nach Ablauf von fünfhundert Jahren gekommen ist.[479]

---

[479] Vielleicht sollten wir wieder mehr Sagen und Legenden lernen um Gottes Wort besser zu verstehen und daraus geistliche Lehren zu ziehen, so wie Klemens und andere frühe Christen es taten, etwa Minucius Felix? Dieser Phönix ist der ägyptischen Mythologie entnommen und war den frühen Christen in Rom und Korinth offenbar bestens bekannt und ein Lehrbeispiel. Klemens widmet dem Vogel, den heute die meisten für ein Fabelwesen halten, immerhin ein ganzes Kapitel. Tertullian (Über die Auferstehung des Fleisches, K. 13) und andere Väter verwendeten diese Geschichte ebenfalls. Auch schon die Autoren des AT bauten vermeintliche Fabeltiere (Drache, Basilisk) in ihre prophetischen Worte ein: „Auf Natter und Basilisk wirst du treten, und zertreten wirst du Löwe und Drachen." (Ps 90, 13) und „Natterneier brüten sie aus und weben Spinngewebe, und wer von ihren Eiern essen will und (eins) aufschlägt, findet ein Windei vor, und darin ist ein Basilisk" (Jes 59,5), beides LXX.

XXVI
Beweise aus der Schrift für die Auferstehung

1 Halten wir es nun für etwas Großes und Wunderbares, wenn der Schöpfer des Weltalls die auferwecken wird, die Ihm heilig gedient haben in der Zuversicht eines guten Glaubens,[480] wo Er uns sogar durch einen Vogel[481] die Größe seiner Verheißung kund tut?

2 Er sagt nämlich einmal: „Und Du wirst mich auferwecken, und ich werde Dich preisen"[482], und: „Ich legte mich nieder und schlummerte ein, ich erwachte, weil Du mit mir bist."[483]

Und wieder sagt Job: „Und Du wirst auferwecken dieses mein Fleisch, das all dies erduldet hat."[484]

---

480 Klemens spricht hier von der ersten Auferstehung, die nur jene betrifft, die als Heilige für den Herrn starben (Offb 20,4-6). Dass er die zweite Auferstehung (Offb 20,13) verschweigt, die alle anderen Menschen zum Endgericht erweckt, ist ein Hinweis, dass er die Offenbarung des Johannes nicht kannte und der Klemensbrief davor verfasst wurde.

481 Gemeint ist der Phönix. Siehe vorheriges Kapitel.

482 Ps 27,7 nach der LXX!

483 Ps 3,6 kombiniert mit einem Teil aus 22,4.

484 Job 19,25-26 nach der LXX! Im MT ist kein Wort von auferstehen bzw. auferwecken.

XXVII
Glaubet dem allmächtigen und wahrhaftigen Gott!

1 Durch diese Hoffnungen also sollen unsere Seelen fest gekettet sein an den, der treu ist in Seinen Verheißungen und gerecht in Seinen Gerichten. 2 Der verboten hat zu lügen,[485] wird viel weniger selber lügen; denn bei Gott ist nichts unmöglich außer die Lüge.[486] 3 Entzünden soll sich daher in uns der Glaube an Ihn, und wir wollen beherzigen, dass Ihm alles nahe ist. 4 In Seinem mächtigen Worte hat Er das All aufgebaut,[487] und in Seinem Worte kann Er es niederreißen. 5 „Wer wird ihm sagen: Was hast Du gemacht? Oder wer wird entgegentreten seiner gewaltigen Stärke?"[488] Wann Er will und wie Er will, wird Er alles machen, und nichts darf vergehen von dem, was Er bestimmt hat.[489] 6 Alles liegt da vor Seinem Auge, und nichts ist Seinem Rate verborgen. 7 „Wenn die Himmel den Ruhm Gottes verkünden, so erzählt das Firmament seiner Hände Werk. Ein Tag ruft es dem anderen zu, und eine Nacht gibt es der anderen kund; und es sind nicht Reden noch Worte, deren Stimme man nicht hört."[490]

---

485 Lev 19,11; Ps 5,7; Spr 19,5.9; Sir 7,12; Joh 8,44; Offb 21,8.27.
486 Tit 1,2; Hebr 6,18.
487 Joh 1,1-3.
488 Weish 12,12; 11,21.
489 Mt 24,35.
490 Ps 18,2-4.

XXVIII
Fürchtet den allgegenwärtigen Gott!

1 Da Er also alles sieht und hört, wollen wir Ihn fürchten und die schmutzigen Begierden nach schlechten Werken aufgeben, damit wir durch Sein Erbarmen Schutz finden vor den kommenden Gerichten. 2 Denn wohin kann einer von uns fliehen vor Seiner starken Hand? Und welche Welt wird aufnehmen einen Überläufer, der Ihm entronnen? Es sagt nämlich einmal die Schrift: 3 „Wohin werde ich entkommen und wo mich verbergen vor seinem Angesicht? Wenn ich hinaufsteige in den Himmel, bist Du dort; wenn ich wegziehe an die Grenzen der Erde, ist Deine Rechte dort, und wenn ich mein Lager bereite in der Unterwelt, so ist Dein Geist dort."[491] 4 Wohin also soll man fliehen, und wo soll man entrinnen dem, der das All umspannt?

---

491 Ps 138,7-10.

XXIX
Heiliget eure Herzen als Auserwählte Gottes!

1 Wir wollen also zu Ihm hinzutreten in Heiligkeit des Herzens, rein und unbefleckt die Hände zu Ihm erhebend, voll Liebe zu unserem milden und gütigen Vater, der sich uns gemacht hat zu Seinem auserwählten Teil. 2 So steht nämlich geschrieben: „Als der Höchste die Völker teilte, da er zerstreute die Kinder Adams, setzte er die Grenzen für die Völker fest nach der Zahl der Engel Gottes. Und es ward der Teil des Herrn sein Volk Jakob, sein zugemessenes Erbe Israel."[492] 3 Und an einer anderen Stelle sagt Er: „Siehe, der Herr nimmt sich ein Volk mitten aus den Völkern, so wie ein Mann das Erstlingsopfer nimmt von seiner Tenne; und aus jenem Volke wird hervorgehen das Allerheiligste."[493]

---

[492] Dtn 32,8-9.
[493] Dtn 4,34. 14,2; Num 18,27; 2.Chr 31,14; Ez 48,12.

XXX
Hütet euch vor der Sünde!

1 Da wir nun ein Teil von dem Heiligen sind, wollen wir alle Werke der Heiligung tun, fliehen die üblen Nachreden, Befleckungen und sündhafte Umarmungen, Trunkenheit, das Streben nach Veränderung, verwerfliche Begierden, verabscheuungswürdigen Ehebruch, verwerflichen Stolz.

2 „Denn Gott", sagt er, „widersteht den Hoffärtigen, den Demütigen gibt er seine Gnade."[494]

3 Wir wollen es also mit denen halten, welchen von Gott die Gnade verliehen ist. Lasset uns anziehen die Eintracht, voll Demut und Enthaltsamkeit, von jeder Ohrenbläserei und Verleumdung uns ferne haltend, durch Werke gerechtfertigt[495] und nicht durch Worte. 4 Er sagt nämlich: „Wer viel redet, muss auch wieder viel hören; oder glaubt der Geschwätzige, er sei gerecht? 5 Glücklich der vom Weibe Geborene, der kurze Zeit lebt. Verlege dich nicht aufs viele Reden."[496]

6 Unser Lob komme von Gott, nicht von uns selbst;[497] denn die sich selbst loben, hasst Gott. 7 Das Zeugnis, dass wir recht handeln, soll von anderen gegeben werden, so wie es unseren gerechten Vorvätern gegeben wurde.

8 Kühnheit, Keckheit, Vermessenheit ist bei denen, die Gott verflucht hat. Einfalt, Demut, Milde ist bei denen, die Gott gesegnet hat.

---

494 Spr 3,34; Jak 4,6; 1.Petr 5,5.
495 Jak 2,24.
496 Job 11,2-3 nach der LXX.
497 Röm 2,29.

XXXI
Erwerbet euch den Segen Gottes!

1 Suchen wir uns also Seinen Segen und schauen wir, welches die Wege Seines Segens sind! Lasset uns die Geschichte von Anfang an betrachten! 2 Weswegen wurde unser Vater Abraham gesegnet? Nicht deshalb, weil er Gerechtigkeit und Wahrheit übte durch Glauben?[498] 3 Isaak ließ sich mit perfektem Vertrauen, da er wusste was kommen würde, freudig zum Opfer bringen.[499] 4 Jakob verließ demütigen Sinnes seine Heimat wegen des Bruders, ging zu Laban und diente ihm, und ihm wurden verliehen die zwölf Stämme Israels.[500]

---

498 Jak 2,21.
499 Gen 22,7 ff. Vgl. Hebr 11,17-19.
500 Gen 28 und 29.

XXXII
Nicht Menschenwerk, sondern der Glaube bringt Rechtfertigung

1 Wenn dies jemand im einzelnen genau überdenkt, wird er die Größe der von ihm verliehenen Gaben erkennen. 2 Von ihm nämlich stammen alle Priester und Leviten ab, die am Altare Gottes dienen; von ihm stammt der Herr Jesus ab, dem Fleische nach;[501] von ihm die Könige, Herrscher und Führer durch Juda; auch die übrigen Stämme stehen in nicht geringem Ansehen, wie Gott es verheißen hatte, dass „deine Nachkommenschaft sein werde wie die Sterne des Himmels"[502].

3 Alle haben demnach Ehre und Herrlichkeit erlangt nicht durch sich selbst oder durch ihre Werke oder wegen ihrer Gerechtigkeit, die sie übten, sondern durch Seinen Willen. 4 Und auch wir, die wir durch Seinen Willen in Christus Jesus berufen sind, werden nicht durch uns selbst gerechtfertigt noch durch unsere Weisheit oder Einsicht oder Frömmigkeit oder durch die Werke, die wir vollbracht haben in der Heiligkeit des Herzens, sondern durch den Glauben, durch den alle von Anbeginn an der allmächtige Gott gerechtfertigt hat.[503] Ihm sei Ehre von Ewigkeit zu Ewigkeit. Amen.

---

501 Röm 9,5.

502 Gen 15,5. 22,17. 26,4.

503 Auf den ersten Blick mag das wie die Rechtfertigungslehre von Martin Luther klingen (sola fide – „einzig und allein aus Glauben"), entspricht ihr aber überhaupt nicht. Klemens hat wie sein Lehrer Paulus eine viel komplexere Lehre, wo die Werke Gottes und die Werke der Menschen zusammenwirken und beide notwendig sind, völlig in Übereinstimmung mit Jakobus (2,24) und den Herrenworten (Mt 6,15. 7,12-14.21. 19,17-21; Lk 17,32). Darum stellt Klemens diesem Kapitel auch eine Reihe anderer voran, mit Glaubensvorbildern, die wegen ihrer Werke gerettet wurden (Abraham, Lot, Raab: XXX (insb. Vers 3); XI,1; XII,1) und lässt weitere folgen, die die Notwendigkeit der Werke und eines heiligen Lebens betonen (XXXIII, XXXIV, XXXV).

XXXIII
Trotzdem dürfen wir von guten Werken und Liebe nicht ablassen

1 Was sollen wir demnach tun, Brüder? Sollen wir ablassen von guten Werken und die Liebe aufgeben? Möge es der Herr niemals zugeben, dass dies bei uns geschehe, sondern beeilen wir uns, mit Beharrlichkeit und Bereitwilligkeit jedes gute Werk zu vollbringen. 2 Denn der Schöpfer und Herr des Weltalls frohlockt über Seine Werke. 3 Denn mit Seiner unendlich großen Macht hat Er die Himmel gegründet, und mit Seiner unerschöpflichen Weisheit hat Er sie geordnet; die Erde hat Er von dem es umgebenden Wasser geschieden und hat sie festgestellt auf das unerschütterliche Fundament Seines Willens; den Tieren, die auf ihr leben, befahl Er, nach Seiner Anordnung sich zu bewegen; das Meer und seine Tiere, die in ihm sind, hat Er geschaffen und hat sie eingeschlossen mit Seiner Macht. 4 Zu allem hin schuf Er das Herrlichste und Großartigste wegen seiner Vernunft, den Menschen; mit Seinen heiligen und untadeligen Händen schuf Er seines Bildes Abbild. 5 So nämlich spricht der Herr: „Lasset uns den Menschen machen nach unserem Bild und Gleichnis, und Gott schuf den Menschen, männlich und weiblich schuf er sie"[504]. 6 Nachdem Er nun all dieses vollendet hatte, lobte Er es und pries es und sprach: „Wachset und vermehret euch."[505] 7 Beachten wir, dass alle Gerechte mit guten Werken verherrlicht waren und dass der Herr selbst, nachdem Er sich selbst durch gute Werke verherrlicht hatte, darüber erfreut war. 8 Da wir nun ein solches Vorbild haben, wollen wir unverzüglich seinem Willen nachkommen; mit all unserer Kraft wollen wir Werke der Gerechtigkeit tun.

---

504 Gen 1,26-27.
505 Gen 1,28.

XXXIV
Die guten Werke sind nötig

1 Der gute Arbeiter nimmt freimütig das Brot für seine Arbeit, der faule und untätige aber wagt nicht, dem Blicke seines Arbeitgebers zu begegnen. 2 Daher ist es nötig, dass wir bereit sind zu guten Werken; von Ihm kommt ja alles. 3 Er sagt nämlich zu uns: „Siehe, hier ist der Herr und sein Lohn ist vor ihm, damit er jedem gebe nach seinem Werke"[506]. 4 Deshalb ermahnt Er uns, die wir aus ganzem Herzen Ihm vertrauen, weder träge noch nachlässig zu sein „in jeglichem guten Werke."[507] 5 Unser Ruhm und unsere Zuversicht sei in Ihm; Seinem Willen wollen wir uns fügen; denken wir an die ganze Schar Seiner Engel, wie sie bereit stehen, Seinen Willen zu erfüllen. 6 Denn die Schrift sagt: „Zehntausendmal zehntausend standen vor ihm, und tausendmal tausend dienten ihm und riefen: Heilig, heilig, heilig ist der Herr Sabaoth, die ganze Schöpfung ist voll seiner Herrlichkeit."[508] 7 Auch wir, in Eintracht versammelt, einmütigen Sinnes, wollen wie aus einem Munde anhaltend zu Ihm rufen, damit wir teilhaftig werden Seiner großen und herrlichen Verheißungen. 8 Er sagt ja: „Kein Auge hat es gesehen, kein Ohr hat es gehört, und in keines Menschen Herz ist es gedrungen, was Gott denen bereitet hat, die auf ihn harren."[509]

---

506 Jes 40,10. 62,11; Spr 24,12; Offb 22,12.

507 Tit 3,1.

508 Dan 7,10; Jes 6,3.

509 Klemens zitiert seinen Lehrer Paulus (1.Kor 2,9), und dieser Jesaja (64,4 nach der LXX) und einen uns unbekannten Teil der Schrift.

XXXV
Groß ist Gottes Lohn

1 Wie selig und wunderbar sind die Geschenke Gottes, Geliebte! 2 Leben in Unsterblichkeit, Glanz in Gerechtigkeit, Wahrheit in Freimut, Glaube in Vertrauen, Enthaltsamkeit in Heiligung; und dies alles ist schon in unser Verständnis gedrungen. 3 Was nun fürwahr ist denen bereitet, die ausharren? Der Schöpfer und Vater der Ewigkeit, der Allheilige selbst kennt die Größe und Schönheit dieser Güter. 4 Wir nun wollen kämpfen, damit wir erfunden werden in der Zahl derer, die ausharren, auf dass wir teilhaben an den versprochenen Gütern.

5 Wie aber wird das geschehen, Geliebte? Wenn unsere Gesinnung in Treue gefestigt ist gegen Gott, wenn wir nachstreben dem, was ihm angenehm und wohlgefällig ist, wenn wir tun, was Seinem heiligen Willen entspricht, wenn wir gehen auf dem Wege der Wahrheit[510], wenn wir wegwerfen von uns alles Unrecht und alle Schlechtigkeit, Habsucht, Streit, Bosheit und Hinterlist, Verleumdung und üble Nachrede, Hass gegen Gott, Aufgeblasenheit und Prahlerei, Eitelkeit und ungastliches Wesen. 6 Denn wer solches tut, ist bei Gott verhasst; aber nicht allein die solches tun, sondern auch die, welche ihnen zustimmen.[511] 7 Es sagt nämlich die Schrift: „Zu dem Sünder aber sprach Gott: Warum zählst du meine Satzungen auf und warum nimmst du meinen Bund in deinen Mund? 8 Du hast die Zucht gehasst und hast meine Worte verworfen. Wenn du einen Dieb sähest, gingst du mit ihm, bei den Ehebrechern hattest du Anteil. Dein Mund ging über von Schlechtigkeit, und deine Zunge spann trügerische Tücke. Du setztest dich hin und sprachest gegen deinen Bruder, und dem Sohn deiner Mutter stelltest du eine Falle. 9 Das tatest du, und ich habe geschwiegen. Du

---

510 Vgl. Weg des Lichtes (Barnabas XIX), Weg des Lebens (Didache I-IV).
511 Sir 12,6. 15,11.13. 27,24; Ps 5,6. 10,5. 30,7; Spr 6,15-16; Job 34,17.

nahmst an, Gottloser, dass ich dir gleich sei. 10 Ich werde dich überführen und dein Antlitz gegen dich kehren. 11 Beherziget dies, ihr Gottvergessenen, damit er euch nicht reiße wie ein Löwe und niemand da sei, der rettet. Ein Lobopfer wird mich ehren, und dort ist der Weg, den ich ihm zeigen will, das Heil Gottes."[512]

---

512 Ps 49,16-23.

XXXVI
Jesus Christus ist der Weg zur Seligkeit

1 Das ist der Weg, Geliebte, auf dem wir unsere Rettung finden, Jesus Christus, den Hohenpriester[513] unserer Opfergaben, den Anwalt und Helfer in unserer Schwäche. 2 Durch Ihn streben wir standhaft nach den Höhen des Himmels, durch Ihn schauen wir Sein heiliges und erhabenes Antlitz, durch Ihn wurden die Augen unseres Herzens geöffnet, durch Ihn ringt sich unser unweiser und dunkler Verstand durch zum Licht, durch Ihn wollte der Herr uns kosten lassen von dem unsterblichen Wissen, der, „da er der Abglanz ist seiner Majestät, um soviel größer ist als die Engel, um wieviel sein Name sich unterscheidet, den er erhalten hat."[514]

3 Es steht nämlich also geschrieben: „Der seine Engel zu Geistern[515] macht und seine Diener zu Feuerflammen."[516] 4 Zu seinem Sohne aber sprach der Herr also: „Mein Sohn bist du, heute habe ich dich gezeugt; erbitte von mir, und ich will dir Völker geben zum Erbe und zu deinem Besitze die Enden der Erde."[517] 5 Und wiederum sagt Er zu ihm: „Setze dich zu meiner Rechten, bis ich deine Feinde zum Schemel deiner Füße mache."[518]

6 Welches sind aber die Feinde? Die Schlechten, die sich Gottes Willen widersetzen.[519]

---

513 Hebr 4,14. 7,26-27.
514 Hebr 1,3-4.
515 Oder zu Winden.
516 Ps 103,4; Hebr 1,7.
517 Ps 2,7-8; Hebr 1,5.
518 Ps 109,1; Hebr 1,13.
519 Lk 19,27; Jak 4,4; Ps 91,10; Num 10,34.

XXXVII
Christus ist der König und wir Seine gehorsamen Soldaten

1 Lasset uns also, Männer und Brüder, mit aller Ausdauer die Rolle von Soldaten spielen,[520] in Übereinstimmung mit Seinen heiligen Befehlen.

2 Schauen wollen wir auf die, die unter unseren Generälen dienen, mit welcher Ordnung, welchem Gehorsam und welcher Unterwürfigkeit sie das tun, was ihnen befohlen wird. 3 Nicht alle sind Präfekten, noch Befehlshaber von tausend, noch von hundert, noch von fünfzig oder dergleichen, sondern jeder erfüllt in seinem Rang die Anordnungen des Königs und der Generäle.

4 Die Großen können nicht sein ohne die Kleinen und die Kleinen nicht ohne die Großen; überall gibt es eine Art Mischung, und darin liegt der gegenseitige Vorteil. 5 Nehmen wir unseren Körper; der Kopf ist nichts ohne die Füße, ebenso die Füße nichts ohne den Kopf; ja und gerade die kleinsten Glieder unseres Leibes sind notwendig und nützlich für den ganzen Körper; aber alle halten zusammen, und es bedarf eines einmütigen Gehorsams zum Wohle des ganzen Körpers.[521]

---

520 Schon Paulus verglich die Gläubigen mit Soldaten und den Dienst in der Gemeinde mit einem Kriegsdienst: 1.Kor 9,7; 2.Tim 2,3+4.

521 1.Kor 12; Röm 12,3-8, Eph 4,11-16.

XXXVIII

Jeder nehme im Leib Christi seinen Platz ein

1 So soll denn unser ganzer Leib bewahrt werden in Christus Jesus, und jeder soll seinem Nächsten untertan sein, wie ihm sein Platz gemäß seiner Gnadengabe zugewiesen wurde.

2 Der Starke verschmähe nicht den Schwachen, und der Schwache achte den Starken. Der Reiche versorge den Armen, der Arme aber lobe Gott dafür, dass Er ihm einen gegeben hat, durch dem seinem Mangel abgeholfen werde. Der Weise zeige seine Weisheit, nicht [allein] durch Worte, sondern durch gute Taten. Der Demütige stelle sich selbst kein Zeugnis aus, sondern lasse einen anderen über sich Zeugnis geben.[522] Wer im Fleisch rein ist, soll nicht stolz darauf sein und sich rühmen, weil er weiß, dass ein anderer ihm die Gabe der Enthaltsamkeit verliehen hat. 3 Lasst uns bedenken, Brüder, aus welchem Stoff wir geschaffen wurden, welcher Art und was wir waren beim Eintritt in diese Welt, aus welch dunkler Gruft unser Bildner und Schöpfer uns in Seine Welt geführt,[523] da Er Seine Wohltaten bereit hielt, schon bevor wir geboren waren. 4 Da wir nun dies alles von Ihm bekommen haben, schulden wir Ihm in allem Dank. Ihm sei die Ehre von Ewigkeit zu Ewigkeit. Amen.

---

522 Spr 27,2.
523 Ps 138,15.

XXXIX
Vor Gott sind alle klein

1 Unverständige, törichte, dumme und ungebildete Leute sind es, die uns verhöhnen und verspotten, da sie sich selbst überheben wollen in ihren Gedanken.

2 Was vermag denn ein sterblicher Mensch? Oder was ist es mit der Kraft des Erdgeborenen?

3 Es steht ja geschrieben: „Es war keine Gestalt vor meinen Augen, sondern ich hörte Odem und eine Stimme. 4 Wie denn? Soll denn ein Sterblicher rein sein vor Gott? Oder ist ein Mann von seinen Werken her ohne Fehl, wenn er seinen Knechten misstraut und bei seinen Engeln krummes wahrnimmt? 5 Der Himmel ist nicht rein vor ihm, wieviel weniger Menschen, die wohnen in Häusern aus Lehm, zu denen auch wir gehören, die wir aus demselben Lehm gebildet sind. Er schlug sie wie eine Motte, und vom Morgen bis zum Abend sind sie nicht mehr; weil sie sich selbst nicht helfen konnten, gingen sie zugrunde. 6 Er hauchte sie an, und sie starben, weil sie keine Weisheit hatten. 7 Rufe, ob einer auf dich hören wird, oder ob du einen der heiligen Engel sehen wirst; denn den Törichten reibt der Zorn auf, und den Irrsinnigen tötet Eifersucht. 8 Ich aber habe gesehen, dass Toren Wurzel schlugen, aber sogleich ward ihr Lebensgut aufgezehrt. 9 Ferne bleiben mögen, ihre Söhne von Rettung; sie sollen verachtet werden vor den Toren derer, die geringer sind als sie selbst, und kein Befreier wird da sein. Denn, was für jene bereitet war, essen Gerechte; sie selbst aber werden aus den Übeln nicht erlöst werden."[524]

---

[524] Job 4,16-18; 15,15; 4,19-5,5.

XL

Lasst uns in der Gemeinde die von Gott gewollte Ordnung bewahren

1 Da uns also dieses ganz klar ist, und wir weit hinabgedrungen sind in die Tiefen der göttlichen Erkenntnis, müssen wir alles ordnungsgemäß tun, was der Herr an bestimmten Zeiten zu erfüllen angeordnet hat.

2 Er wollte, dass Opfer und Gottesdienst gehalten werde, aber nicht aufs Geratewohl und ohne Ordnung solle es geschehen, sondern zu festgesetzten Zeiten und Stunden. 3 Wo und durch wen Er es verrichtet wissen will, hat Er nach Seinem allerhöchsten Willen selbst bestimmt, damit alles heiligmäßig geschehe und so in Wohlgefallen aufgenommen werde von Seinem Willen. 4 Die nun ihre Opfer darbringen zur vorgeschriebenen Zeit, sind wohlgefällig und selig; denn wenn sie den Gesetzen des Herrn nachkommen, sündigen sie nicht. 5 Dem obersten Priester sind nämlich eigene Verrichtungen zugeteilt, auch den Priestern ist ihr eigener Platz angewiesen, und den Leviten obliegen eigene Dienstleistungen; der Laie ist an die Laienvorschriften gebunden.

XLI
Jeder halte sich in den Grenzen seines Amtes!

1 Jeder von uns, Brüder, soll in seinem Stande Gott danken, indem er sich ein gutes Gewissen bewahrt[525] und die für seine Verrichtung festgesetzte Regel nicht übertritt, in würdigem Wandel. 2 Nicht an allen Orten, Brüder, werden Gott immerwährende Opfer oder Friedensopfer oder Sühnopfer oder Schuldopfer dargebracht, sondern nur in Jerusalem; aber auch dort wird nicht überall geopfert, sondern vor dem Heiligen am Altare, wobei die Opfergabe genau untersucht wird durch den Oberpriester und die vorerwähnten Diener des Heiligtums.

3 Wer nun nicht Seinem Willen entsprechend etwas tut, erleidet den Tod als gebührende Strafe.[526] 4 Ihr sehet, Brüder, je größer die Erkenntnis ist, deren wir gewürdigt worden sind, um so größer ist auch die Gefahr, der wir ausgesetzt sind.[527]

---

525 1.Tim 3,9. Vgl. 1.Tim 1,5.
526 Mt 7,21.24. 25,46.
527 Lk 12,47-48.

XLII
Die Gemeindeordnung stammt von Gott

1 Die Apostel haben uns das Evangelium verkündet auf den Befehl vom Herrn Jesus Christus. Jesus Christus [tat das auf den Befehl] von Gott. 2 Christus ist also von Gott gesandt und die Apostel von Christus; beides ist demnach geschehen in aller Ordnung nach dem Willen Gottes. 3 Sie empfingen also ihre Aufträge, wurden durch die Auferstehung unseres Herrn Jesus Christus mit Gewissheit erfüllt, wurden im Glauben an das Wort Gottes gefestigt, und dann zogen sie voll des Heiligen Geistes hinaus zur Predigt, dass das Königreich Gottes nahe sei. 4 Indem sie nun in Ländern und Städten predigten, setzten sie die Erstlingsfrüchte ihrer (Predigt), nach vorhergegangener Prüfung im Geiste, zu Bischöfen und Diakonen[528] der zukünftigen Gläubigen ein. 5 Und dies war nichts Neues; denn schon seit langer Zeit war geschrieben über Bischöfe und Diakone. So nämlich sagt einmal die Schrift: „Ich will einsetzen ihre Bischöfe in Gerechtigkeit und ihre Diakone in Treue."[529]

---

528 Gottes Anforderungen an Bischöfe (episkopos) und Diakone (diakonos) schrieb Paulus an seine Schüler Timotheus (1.Tim 3,1-13) und Titus (Tit 1,5-9), die er beide zu Bischöfen ernannte. Klemens war, als er den Brief schrieb, selbst Bischof (ernannt vom Apostel Petrus, in Rom).

529 Jes 60,17. Diese Stelle hat Klemens frei übertragen zitiert; sie heißt nach der Septuaginta: „Deine Herrscher (ἄρχοντας - archōntas) will ich dir geben in Frieden und deine Vorsteher (επισκόπους - episkopous) in Gerechtigkeit." Die „Herrscher" und „Vorsteher" überträgt er sinngemäß auf „Diakone" und „Bischöfe. Das Wort für Vorsteher und Bischof ist im Griechischen das selbe (episkopos). Daher ist das freie Zitat nicht nur naheliegend, sondern gibt uns auch den geistlichen Hintergrund der Ämter im Leib Christi bzw. im Königreich Gottes (Ein Herrscher hat z.B. auch zu dienen) und wer es ist, der sie eigentlich einsetzt.

XLIII
Der Streit um die Priesterwürde zur Zeit Moses

1 Und ist es zu verwundern, wenn die von Christus mit einem solchen Werke Betrauten die oben Genannten eingesetzt haben? Da ja auch der selige Moses, „der getreue Diener im ganzen Hause"[530], die an ihn ergangenen Befehle sämtlich in den heiligen Büchern verzeichnet hat, dem auch die übrigen Propheten gefolgt sind, indem auch sie Zeugnis geben für das, was von ihm gesetzlich angeordnet wurde. 2 Als nämlich Eifersucht entstand wegen der Priesterwürde und die Stämme darüber stritten, welcher von ihnen mit dem rühmlichen Namen geschmückt werden sollte, befahl jener den zwölf Stammeshäuptern, sie sollten Stäbe mit dem Namen jedes einzelnen Stammes bezeichnen und diese ihm bringen. Und er nahm sie, band sie zusammen, versiegelte sie mit den Ringen der zwölf Vorsteher, hinterlegte sie in dem Zelte des Zeugnisses auf dem Tische Gottes. 3 Und nachdem er das Zelt abgeschlossen hatte, versiegelte er den Verschluß ebenso wie die Stäbe 4 und sprach zu ihnen; Männer, Brüder! Der Stamm, dessen Stab ausschlägt, den hat Gott auserwählt, auf dass er ihm opfere und diene. 5 Am anderen Morgen nun versammelte er ganz Israel, die sechshunderttausend Männer, zeigte den Stammeshäuptern die Siegel, öffnete das Zelt des Zeugnisses und nahm die Stäbe heraus; und es fand sich, dass der Stab Aarons nicht nur Knospen, sondern sogar Früchte hatte.[531] 6 Was meint ihr, Geliebte? Wusste Moses nicht im Voraus, dass es so kommen werde? Ganz gewiss. Aber damit in Israel kein Aufruhr entstände, handelte er so, damit verherrlicht werde der Name des wahrhaftigen und einen Gottes; ihm sei die Ehre von Ewigkeit zu Ewigkeit. Amen.

---

530 Num 12,7; Hebr 3,5.
531 Num 17.

XLIV
Der jetzige Streit um die Bischofswürde in Korinth

1 Auch unsere Apostel wussten durch unseren Herrn Jesus Christus, dass Streit entstehen werde um die Bischofswürde. 2 Aus diesem Grunde setzten sie auch, da sie eine genaue Kenntnis hiervon im Voraus erhalten hatten, die oben Genannten ein und gaben ihnen dazu Auftrag, dass, wenn sie entschlafen wären[532], andere erprobte Männer[533] ihren Dienst übernähmen.

3 Die also von jenen oder hernach von anderen ausgezeichneten Männern unter Zustimmung der ganzen Gemeinde eingesetzten (Bischöfe), die der Herde Christi in Demut untadelig, ruhig, uneigennützig gedient haben, die lange Zeit hindurch von allen ein gutes Zeugnis erhalten haben, diese von ihrem heiligen Amte abzusetzen, ist nach unserer Ansicht ein Unrecht. 4 Denn es wird für uns keine kleine Sünde sein, wenn wir Männer, die tadellos und heiligmäßig ihre Opfer dargebracht haben, aus ihrem Bischofsamt vertreiben. 5 Selig sind die Presbyter, die ihren Lebensweg bereits durchlaufen und einen vollkommenen, an Früchten reichen Abschied [von dieser Welt] erreicht haben; denn sie müssen nicht fürchten, dass man sie verdrängt von dem für sie festbestimmten Platze. 6 Wir müssen es nämlich erleben, dass ihr einige, die einen guten Wandel führten, vertrieben habt aus dem heiligen Dienste, dem sie durch tadellose Verwaltung alle Ehre gemacht hatten.

---

532 Das Bischofsamt war also von Anfang an von den Aposteln auf Lebenszeit bestimmt. Einen untadeligen Vorsteher (Bischof, Presbyter) abzusetzen ist demnach eine große Sünde, wie Klemens weiter ausführt.
533 Tit 1,7-9.

XLV
Widerstand gegen die Vorsteher ist verwerflich

1 Ihr seid streitlustig, Brüder, und voller Eifer über Dinge, die nicht zum Heil gehören.[534] 2 Seht euch die Heiligen Schriften genau an, die wahren vom Heiligen Geist eingegebenen. 3 Beobachtet, dass nichts Unrechtes und nichts Verkehrtes in ihnen geschrieben steht. Ihr werdet dort nicht finden, dass Gerechte abgesetzt worden sind von heiligen Männern. 4 Es wurden zwar Gerechte verfolgt, aber von Bösen; sie wurden eingekerkert, aber von Gottlosen, sie wurden gesteinigt von Missetätern, sie wurden getötet von solchen, die mit verruchter und sündhafter Eifersucht erfüllt waren. 5 Solches haben sie in rühmlicher Geduld ertragen. 6 Was sollen wir denn sagen, Brüder? Wurde Daniel von Gottesfürchtigen in die Löwengrube geworfen? 7 Oder Ananias, Azarias und Misael, wurden die von Leuten, die sich dem erhabenen und herrlichen Dienste des Allerhöchsten widmeten, in den Feuerofen gesperrt?[535] Das sei ferne! Was für Leute sind es nun, die solches verübten? Die Verhassten, die von jeglicher Schlechtigkeit erfüllt sind, haben ihren Zorn bis zu dem Grade entflammt, dass sie Männer, die in heiliger und untadeliger Absicht Gott dienten, schmählich behandelten, ohne zu wissen, dass der Höchste ein starker Verteidiger und Beschützer derer ist, die in reinem Gewissen Seinem hochgelobten Namen dienen;[536] Ihm sei die Ehre von Ewigkeit zu Ewigkeit. Amen. 8 Die aber in Zuversicht duldeten, haben Ruhm und Ehre erlangt, sie sind erhöht und ihre Namen von Gott eingeschrieben worden auf ihr Denkmal für alle Ewigkeit. Amen.

---

534 Die BKV schreibt: „Streitsüchtig seid ihr, Brüder, und eifersüchtig in den Dingen, die zum Heile nötig sind."
535 Dan 6,16. 3,19.
536 2.Tim 1,3.

XLVI
Der Anschluß an die Gerechten schützt vor Spaltung und Verderben

1 An solche Vorbilder müssen auch wir uns halten, Brüder. 2 Es steht nämlich geschrieben: „Gehet mit den Heiligen, denn die mit ihnen gehen, werden geheiligt werden."[537] 3 Und wieder an einer anderen Stelle heißt es: „Mit einem unschuldigen Manne wirst du unschuldig sein, und mit einem auserwählten wirst du auserwählt sein, und mit einem verkehrten wirst du verkehrt sein."[538] 4 Wir wollen deshalb mit den Unschuldigen und Gerechten verkehren; denn diese sind die Auserwählten Gottes. 5 Warum herrschen Streit, Tumulte, Gegensätze, Spaltungen und Krieg unter euch? 6 Haben wir nicht *einen* Gott und *einen* Christus? Ist nicht *ein* Geist der Gnade, über uns ausgegossen? Und haben wir nicht *eine* Berufung in Christus?[539] 7 Weshalb reißen und zerren wir die Glieder Christi auseinander und weshalb sind wir uneins gegen den eigenen Leib, und weshalb gehen wir soweit in der Torheit, dass wir vergessen, dass „wir untereinander Glieder sind"[540]? Denket an die Worte unseres Herrn Jesus! 8 Er sprach nämlich: „Wehe jenem Menschen, besser wäre es für ihn gewesen, wenn er nicht geboren worden wäre, als dass er einem meiner Auserwählten Ärgernis gibt; nützlicher wäre es für ihn, wenn ihm ein Mühlstein umgehängt und er in die Tiefe des Meeres versenkt würde, als dass er einen meiner Auserwählten verführt."[541] 9 Eure Spaltung hat viele verführt, viele entmutigt, viele in Zweifel versetzt, und uns allen Kummer bereitet. Und euer Aufruhr dauert noch an.

---

537 Das steht nicht in unserer Bibel. Da sich Klemens auf die Heilige Schrift bezieht (XLV,2), ist unsere Heilige Schrift heute offenbar unvollständig.

538 Ps 17,26-27 nach der LXX; vgl. 2.Kön 22,26-27 (LXX); Sir 9,1.

539 Eph 4,4-6; Vgl. Jak 4,1ff.

540 Eph 4,25; Röm 12,5.

541 Mt 26,24; Mk 14,21; Lk 22,22. 17,2.

XLVII
Der jetzige Streit in Korinth ist schlimmer als der zur Zeit des Apostel Paulus

1 Nehmet den Brief[542] des seligen Paulus, des Apostels. 2 Was hat er euch geschrieben im Anfang des Evangeliums[543]? 3 Wahrhaft vom Geiste inspiriert, hat er euch belehrt über sich selbst und über Kephas und über Apollo, weil ihr auch damals Parteien gebildet hattet.[544] 4 Aber jene Neigung, einen über den anderen zu stellen, hat euch geringere Schuld eingetragen; denn ihr habt damals Partei ergriffen für Apostel, denen ein gutes Zeugnis gegeben war, und für einen Mann, der erprobt war von ihnen. 5 Jetzt aber beherziget, was für Leute euch verführt und die Erhabenheit eurer weit gerühmten Bruderliebe geschmälert haben. 6 Es ist eine Schande, Geliebte, ja eine große Schande und eine Schmach für den Wandel in Christo, wenn man hören muss, wie die festgegründete und uralte Kirche von Korinth wegen einer oder zweier Personen sich empört gegen ihre Presbyter. 7 Und diese Kunde ist nicht nur zu uns gedrungen, sondern auch zu denen, die nicht mit uns verbunden sind,[545] so dass dem Namen des Herrn Schmach angetan wird wegen eures Unverstandes, für euch selbst aber Gefahr entsteht.

---

542 Gemeint ist der erste Brief des Paulus an die Korinther.

543 Hier sehen wir, wie das Wort „Evangelium" von den Aposteln und ihren Jüngern viel breiter verstanden wurde als heute. Sie bezogen es auch auf einen belehrenden und zurechtweisenden Brief wie den 1.Korinther.

544 1.Kor 1,12. 3,4ff.

545 Oder „die uns fremd sind", d.h. die Ungläubigen. Vgl. 1.Thess 4,12.

XLVIII
Kehret zur Bruderliebe und Gerechtigkeit zurück!

1 Schleunigst wollen wir daher diesen Missstand beseitigen und niederfallen vor dem Herrn und unter Tränen Ihn anflehen, dass Er uns gnädig würde und sich versöhne mit uns und uns zurückbringe zu dem erhabenen heiligen Wandel gegenseitiger Bruderliebe. 2 Denn das ist eine Pforte der Gerechtigkeit, die geöffnet ist zum Leben, gemäß dem Schriftwort: „Öffnet mir Tore der Gerechtigkeit; ich will eintreten durch sie und lobsingen dem Herrn. 3 Dies ist das Tor des Herrn: Gerechte sollen durch dasselbe einziehen."[546] 4 Obgleich viele Tore offen stehen, so ist dieses Tor der Gerechtigkeit das Tor Christi; selig sind alle, die durch jenes eingehen und die geraden Weges wandeln „in Heiligkeit und Gerechtigkeit"[547], indem sie unbeirrt alles vollbringen. 5 Mag einer gläubig sein, mag einer tüchtig sein Weisheit zu reden, mag einer verstehen Worte zu unterscheiden, mag einer rein sein in (seinen) Taten, 6 er muss desto demütiger sein, je mehr er anderen überlegen zu sein scheint, und er muss das suchen, was allen gemeinsam, nicht ihm allein nützlich ist.[548]

---

546 Ps 117,19-20.
547 Lk 1,75.
548 Phil 2,3; Gal 6,10; Eph 4,16; 1.Kor 10,33; 1.Thess 5,11.

XLIX
Lob der Liebe

1 Wer Liebe in Christus hat, der halte die Gebote Christi.[549] 2 Wer kann das Band der Liebe Gottes beschreiben? 3 Wer ist imstande, Seine erhabene Schönheit zu schildern? 4 Die Höhe, zu der die Liebe emporführt, ist unbeschreiblich. 5 Liebe verbindet uns mit Gott, „Liebe deckt eine Menge Sünden zu"[550], Liebe erträgt alles, Liebe ist in allem langmütig;[551] nichts Gemeines gibt es in der Liebe, nichts Hoffärtiges; Liebe duldet keine Spaltung, Liebe lehnt sich nicht auf, Liebe tut alles in Eintracht; in der Liebe haben alle Auserwählten Gottes ihre Vollkommenheit erlangt, ohne Liebe ist Gott nichts wohlgefällig. 6 In Liebe hat der Herr uns angenommen; wegen der Liebe, die Er zu uns trug, hat unser Herr Jesus Christus Sein Blut hingegeben für uns nach Gottes Willen, Sein Fleisch für unser Fleisch, Seine Seele für unsere Seelen.[552]

---

549 Joh 14,15. 15,10.

550 1.Petr 4,8; Jak 5,20.

551 1.Kor 13,4.7.

552 Vgl. Irenäus, GdHär V,1 und Mathetes, Brief an Diognet K. IX.

L
Lasst uns beten, dass wir der Liebe würdig sind

1 Geliebte, ihr sehet, wie groß und wunderbar die Liebe ist, und ihre Vollkommenheit lässt sich nicht darlegen. 2 Wer ist fähig, in der Liebe erfunden zu werden, außer jene, die Gott derselben für würdig erachtet? Darum lasst uns beten und Seine Barmherzigkeit erflehen, dass wir erfunden werden in Liebe ohne menschliche Parteiung, frei von Tadel. 3 Alle Geschlechter sind dahingegangen von Adam bis auf den heutigen Tag; aber die in Liebe vollkommen waren, besitzen nach der Gnade Gottes den Platz der Frommen, sie werden offenbar werden bei der Heimsuchung des Königreiches Christi. 4 Es steht nämlich geschrieben: „Tretet ein in die Kammern auf einen ganz kurzen Augenblick, bis mein Zorn und meine Erregung vorbei ist, und ich will eines guten Tages gedenken und euch auferwecken aus euren Gräbern."[553] 5 Selig sind wir, Geliebte, wenn wir die Gebote Gottes halten in einträchtiger Liebe, auf dass uns durch die Liebe die Sünden nachgelassen werden. 6 Es steht nämlich geschrieben: „Selig (sind die), deren Gesetzlosigkeit nachgelassen und deren Sünden zugedeckt sind; glückselig der Mann, dem der Herr die Sünde nicht zurechnet und in dessen Mund kein Trug ist."[554] 7 Diese Seligpreisung ist erfolgt auf die von Gott Auserwählten durch unseren Herrn Jesus Christus, dem die Ehre sei von Ewigkeit zu Ewigkeit. Amen.

---

[553] Jes 26,20; Ez 37,12.
[554] Ps 31,1-2.

LI
Die Empörer und Führer des Streites sollen ihre Sünden bekennen, damit sich ihr Herz nicht verhärte

1 Was wir nun gefehlt haben und was wir durch einen aus der Schar des Widersachers (verführt) getan haben, dafür wollen wir uns Verzeihung erflehen; aber auch diejenigen, die Führer der Empörung und Entzweiung gewesen sind, müssen die gemeinsame Hoffnung ins Auge fassen. 2 Denn die in Furcht und Liebe wandeln, wollen lieber, dass sie selbst der Züchtigung verfallen als der Nächste; sie wollen lieber selbst Verachtung tragen, als die Verachtung der Eintracht (mit anzusehen), die uns gut und gerecht überliefert ist. 3 Denn es ist besser für den Menschen, sich über seine Verfehlungen anzuklagen, als sein Herz zu verhärten, wie das Herz derer verhärtet worden ist, die sich erhoben wider Moses, den Diener Gottes, deren Verdammung offenkundig geworden ist: 4 „Sie stiegen ja lebend hinab in die Unterwelt"[555] und „der Tod weidet sie"[556]. 5 Pharao und sein Heer, alle Fürsten Ägyptens, die Wagen und deren Führer wurden nur deswegen in das Rote Meer versenkt[557] und kamen nur deshalb um, weil ihre törichten Herzen sich verhärtet hatten, (und zwar) nachdem Zeichen und Wunder in Ägypten geschehen waren durch Moses, den Diener Gottes.

---

555 Num 16,30-33.
556 Ps 48,15.
557 Ex 14.

LII
Das Bekennen der Sünden bringt Vergebung

1 Brüder, der Herr bedarf gar nichts, Er braucht von niemand etwas,[558] nur dass man Ihm ein Bekenntnis ablege. 2 Denn so sagt David, der Auserwählte: „Bekennen will ich dem Herrn, und das wird ihm besser gefallen als ein junges Rind, das Hörner und Klauen ansetzt; sehen sollen es Arme und sich freuen."[559] 3 Und wiederum heißt es: „Opfere Gott ein Lobopfer und erfülle dem Höchsten deine Gelübde. Und rufe mich an am Tage deiner Bedrängnis, und ich will dich erretten, und du sollst mich verherrlichen."[560] 4 „Denn ein Opfer vor Gott ist ein zerknirschter Geist."[561]

---

558 Barn II,4.
559 Ps 68,31-33.
560 Ps 49,14-15.
561 Ps 50,19; Vgl. Jes 66,2.

LIII
Moses Liebe zu seinem Volk

1 Die heiligen Schriften kennet ihr, Geliebte, und zwar gut, und ihr habt euch vertieft in die Worte Gottes; deshalb schreiben wir euch dies als Erinnerung. 2 Als Moses auf den Berg gestiegen war und vierzig Tage und vierzig Nächte in Entbehrung und Fasten zugebracht hatte, da sprach Gott zu ihm: „Moses, Moses, steige eilends hinab von hier, denn dein Volk, das du aus Ägypten geführt, hat ungesetzlich gehandelt; gar schnell hat es den Weg verlassen, den du ihnen vorgeschrieben hattest; sie haben sich Bilder gegossen."[562] 3 Und der Herr sprach zu ihm: „Einmal und zweimal habe ich zu dir also geredet: Ich habe dieses Volk mir angeschaut, und siehe, es ist halsstarrig; lass mich sie ausrotten, und ich will ihren Namen auslöschen unter dem Himmel, und ich will dich zu einem großen, wunderbaren Volke machen, viel größer als dieses."[563] 4 Und Moses erwiderte: „Niemals, Herr! Verzeihe diesem Volk seine Sünde oder tilge auch mich aus dem Buche der Lebenden."[564] 5 O große Liebe, o unübertreffliche Vollkommenheit! Voll Freimut redet der Diener zum Herrn, er bittet um Verzeihung für das Volk, oder er verlangt, dass er selbst mit ihnen ausgetilgt werde.

---

562 Dtn 9,12; vgl. Ex 32,7-8.
563 Dtn 9,13-14.
564 Ex 32,31-32.

LIV

Er, der voller Liebe ist, wird jeden Verlust auf sich nehmen, damit der Friede in der Gemeinde wiederhergestellt wird

1 Wer ist nun unter euch edelmütig, wer barmherzig, wer voll Liebe? 2 Der soll sprechen: „Wenn ich schuld bin an Aufruhr, Streit und Zwietracht, so wandere ich aus, ziehe fort, wohin ihr wollt, und tue, was die Mehrheit vorschreibt; nur soll die Herde Christi in Frieden leben mit ihren bestellten Presbytern." 3 Wer so handelt, wird sich großen Ruhm in Christus erwerben, und jeglicher Ort wird ihn aufnehmen. „Denn dem Herrn gehört die Erde und was in ihr ist."[565] 4 So haben gehandelt und so werden handeln, die ohne Vorwurf den Weg Gottes gehen.

---

[565] Ps 23,1; 1.Kor 10,26.28.

LV
Beispiele solcher Liebe

1 Um auch Beispiele unter den Heiden anzuführen: Viele Könige und Fürsten haben, wenn eine Pest herrschte, auf den Rat des Orakels hin sich selbst dem Tode preisgegeben, um durch ihr eigenes Blut die Mitbürger zu retten. Viele haben ihre Stadt verlassen, um die Fortdauer des Zwistes zu verhüten.

2 Wir kennen unter uns viele, die sich selbst den Ketten überliefert haben, um andere zu befreien; viele haben sich in Knechtschaft begeben, und mit ihrem Verdienste (Lohne) haben sie andere gespeist. 3 Viele Frauen haben, gestärkt durch die Gnade Gottes, manch männliche Tat vollbracht. 4 Die gesegnete Judith[566] bat bei der Belagerung ihrer Vaterstadt die Ältesten, man möge sie hinausgehen lassen in das Lager der Feinde, 5 Und aus Liebe zum Vaterlande und zu ihrem eingeschlossenen Volke ging sie hinaus, sich selbst in Gefahr stürzend, und der Herr übergab den Holophernes in die Hand eines Weibes.[567] 6 Auch die glaubensstarke Esther setzte sich keiner geringeren Gefahr aus, um die zwölf Stämme Israels zu retten, als ihnen der Untergang drohte; denn durch ihr Fasten und ihre Demut bestürmte sie[568] den allsehenden Herrn, den Gott der Ewigkeiten; er sah an die Demütigung ihrer Seele und errettete das Volk, um dessentwillen sie die Gefahr auf sich genommen hatte.[569]

---

566 Klemens führt Judith nicht nur als erstes namentliches Beispiel der vielen „unter uns" an, sondern zitiert das apokryphe Buch Judith wie selbstverständlich als Heilige Schrift, die vom Heiligen Geist eingegeben ist (s. LIII,1 u. XLV,2). Damit stimmt er mit allen anderen frühen Christen überein, die das genauso handhabten.

567 Judith Kapitel 8 bis 13.

568 Das Gebet der Esther, in dem sie den Herrn bestürmt, ist nur in der LXX überliefert. Es fehlt im MT.

569 Esther Kapitel 4 bis 8.

LVI
Lasst uns einander ermahnen und korrigieren

1 Lasst uns deshalb auch beten für die, die in jedweder Sünde leben, auf dass ihnen Nachgiebigkeit und Demut verliehen werde, damit sie sich nicht uns, sondern dem Willen Gottes unterwerfen. So werden sie auf diese Weise ein fruchtbares und vollkommenes Gedenken erhalten, mit Sympathie für sie, sowohl in unseren Gebeten zu Gott, als auch wenn wir sie den Heiligen[570] gegenüber erwähnen. 2 Wir wollen, Geliebte, die Zurechtweisung annehmen, über die sich niemand ärgern darf. Die Ermahnungen, die wir einander gegenseitig geben, sind gut und überaus nützlich; denn sie verbinden uns mit dem Willen Gottes. 3 Denn also sagt das heilige Wort: „Gar sehr hat mich der Herr in Zucht genommen, aber dem Tode hat er mich nicht preisgegeben."[571] 4 „Wen nämlich der Herr lieb hat, den züchtigt er; jeden Sohn, den er annimmt, gibt er die Rute zu fühlen."[572] 5 „Ja er wird als Gerechter", so heißt es, "mich züchtigen mit Erbarmen und mich zurechtweisen, aber Öl von Sündern soll mein Haupt nicht salben."[573] 6 Und wiederum sagt Er: „Glückselig der Mann, den der Herr zurechtgewiesen hat; denn einen Tadel des Allmächtigen weise nicht zurück; er verursacht nämlich Schmerz, aber er macht wieder gut. 7 Er hat geschlagen, aber seine Hände haben wieder geheilt. 8 Sechsmal wird er aus der Not dich herausreißen, und das siebente Mal wird dich Unglück nicht erfassen. 9 Zur Zeit der Hungersnot wird er dich vor dem Tode retten, und im Kriege dich bewahren vor der Ge-

---

570 Gemeint sind nicht verstorbene Heilige, zu denen man Jahrhunderte später in der RKK und ihren Tochterkirchen zu beten begann, sondern die lebenden Heiligen in den Gemeinden. Vgl. Röm 1,7. 12,13. 1.Kor 1,2. 6,1-2. 14,33. 16,1; 2.Kor 13,12; Eph 4,12. 5,3; Phil 1,1. 4,21+22; u.v.a.

571 Ps 117,18.

572 Spr 3,12; Hebr 12,6.

573 Ps 140,5.

walt des Schwertes. 10 Vor der Zunge Geißel wird er dich verbergen, und du brauchst dich nicht zu fürchten vor drohendem
Übel. 11 Über Ungerechte und Missetäter darfst du lachen, vor
wilden Tieren musst du dich nicht fürchten. 12 Denn die wilden
Tiere werden dich in Ruhe lassen. 13 Dann wirst du erkennen,
dass dein Haus in Frieden leben wird, der Vorrat deines Zeltes
soll nicht ausgehen. 14 Du wirst sehen, dass deine Kinder zahlreich sind, deine Nachkommen wie das Kraut des Feldes. 15 Du
wirst ins Grab steigen wie reife Frucht, geerntet zur rechten
Zeit, oder wie ein Haufen Getreide auf der Tenne, den man zur
rechten Zeit eingebracht hat."[574] 16 Ihr sehet, Geliebte, wie stark
der Schutz ist für die, welche der Herr in seine Zucht nimmt.
Da Er nämlich ein guter Vater ist, züchtigt Er,[575] damit wir
durch Seine heilige Zucht Erbarmen finden.

---

[574] Job 5,17-26.

[575] Dass sich ein guter Vater dadurch auszeichnet, dass er zurechtweist und
züchtigt, ist die Sicht der Heiligen Schrift und der Apostel, die die frühen Christen selbstverständlich übernahmen. Dass mit Züchtigung in der
Schrift immer Körperstrafe gemeint ist, beweist auch die Wortwahl von
Klemens in dem Kapitel (Verse 4, 6 und 7). Heute würde so ein Vater als
schlecht angesehen und mitunter sogar angezeigt, vor Gericht gestellt
und ins Gefängnis geworfen werden. Das führte im modernen Christentum zu einem der Heiligen Schrift widersprechenden Verständnis des
„guten Vaters" im Himmel, der nicht mehr droht und straft.

LVII
Die Anstifter des Streites werden unter Androhung der göttlichen Strafe zur Unterwerfung ermahnt

1 Ihr nun, die ihr den Grund zum Aufruhr gelegt habt, unterwerfet euch den Presbytern, lasset euch die Züchtigung dienen zur Umkehr, beuget die Knie eures Herzens. 2 Lernet Unterwürfigkeit, leget ab die großsprecherische und hochfahrende Kühnheit eurer Zunge; es ist nämlich besser für euch, wenn ihr in der Herde Christi klein, aber ehrenhaft befunden werdet, als wenn ihr in scheinbarer Größe ausgeschlossen seid von ihrer Hoffnung.[576] 3 Denn also spricht die hochgerühmte Weisheit: „Sehet, ich will euch vorbringen eine Rede meines Odems, lehren will ich euch mein Wort. 4 Weil ich rief und ihr nicht darauf hörtet, weil ich ausbreitete meine Worte und ihr darauf nicht acht gabet, vielmehr nutzlos machtet meine Ratschläge und meinen Warnungen nicht folgtet: deshalb werde nun auch ich spotten über euer Unglück und mich freuen, wenn Verderben über euch kommt, und wenn plötzlich über euch Aufruhr hereinbricht, wenn euer Untergang plötzlich wie ein Sturm da ist, oder wenn Trübsal und Belagerung euch heimsucht. 5 Denn kommen wird die Zeit, da ihr zu mir ruft, ich aber euch nicht erhören werde; suchen werden mich die Bösen, aber sie werden mich nicht finden; denn die Weisheit haben sie gehasst, die Furcht des Herrn haben sie nicht angenommen, noch wollten sie achten auf meine Ratschläge, meine Warnungen haben sie

---

576 Ausgeschlossen zu sein aus der „Herde Christi" ist gleichzeitig ein vollumfänglicher Ausschluss aus der *einen* Hoffnung aller Christen, nämlich auf den Zutritt ins Königreich Gottes und damit auf das ewige Leben. Das lehrten die Apostel und deren Schüler sehr eindringlich, wie auch in diesem Brief zu erkennen ist, und deswegen war Gemeindezucht, die bis zum Ausschluss reichte, keine leere Drohung, sondern eine wirksame Maßnahme zur Wahrung der Ordnung und Erziehung in der Gemeinde.

verspottet. 6 Deshalb sollen sie essen die Früchte ihres Wandels und sollen satt werden von ihrer Gottlosigkeit. 7 Dafür, dass sie gegen Unmündige gefrevelt haben, sollen sie getötet werden, und das Gericht soll die Gottlosen vernichten; wer aber auf mich hört, der soll in Hoffnung und Vertrauen sein Zelt bewohnen und ohne Furcht in Ruhe sein vor jeglichem Bösen."[577]

---

577 Spr 1,23-33.

LVIII
Unterwerfung und Gehorsam als Grundlage des Heils

1 Wir wollen uns daher Seinem allheiligen und herrlichen Namen unterwerfen, um den erwähnten Drohungen zu entfliehen, die Seine Weisheit gegen die Ungehorsamen ausgesprochen hat, damit wir wohnen im Vertrauen auf Seinen heiligsten und erhabensten Namen. 2 Nehmet an unseren Rat, und es wird euch nicht gereuen.[578] Denn es lebt Gott und es lebt der Herr Jesus Christus und der Heilige Geist, der Glaube und die Hoffnung der Auserwählten, dass der, welcher in Demut mit beharrlichem Gehorsam ohne Wanken die von Gott gegebenen Satzungen und Gebote hält, dass dieser wird eingeordnet und eingereiht werden in die Zahl der durch Jesus Christus Geretteten, durch den Ihm die Ehre sei von Ewigkeit zu Ewigkeit. Amen.

---

578 Sir 6,23ff.

LIX
Gefahr des Ungehorsams. Gebet

1 Wer aber ungehorsam ist gegen das, was Er durch uns gesprochen hat, der soll wissen, dass er sich in Übertretung und nicht geringe Gefahr verstrickt. 2 Wir aber werden keine Schuld haben an dieser Sünde und werden in andauernden Bitten und Flehen anhalten, dass der Schöpfer des Weltalls die abgezählte Zahl Seiner Auserwählten auf der ganzen Welt unversehrt erhalten wolle durch Seinen geliebten Sohn Jesus Christus durch den Er uns berufen hat von der Finsternis zum Licht,[579] von der Unwissenheit zur Erkenntnis der Herrlichkeit Seines Namens, 3 auf dass wir hoffen auf Deinen Namen, der aller Schöpfung den Anfang gab, da Du uns geöffnet hast die Augen unseres Herzens, damit wir Dich erkennen, den einzigen „Höchsten in der Höhe, den Heiligen, der in Heiligkeit ruht",[580] „Dich, der Du den Stolz der Prahler demütigst",[581] „die Pläne der Heiden vereitelst",[582] „die Demütigen erhöhst und die Hohen erniedrigst",[583] „der Du reich machst und arm"[584], „tötest und rettest und Leben weckst",[585] „Dich, den einzigen Wohltäter der Geister und den Gott alles Fleisches",[586] „der Du hineinsiehst in die Unterwelt",[587] schaust auf die Werke der Menschen, den Helfer in Gefahr, „den Retter in der Verzweiflung",[588] den Schöpfer und Aufseher jeglichen Geistes; der Du

---

579 1.Petr 2,9.
580 Jes 57,15.
581 Jes 13,11.
582 Ps 32,10.
583 Job 5,11; Ez 17,24.
584 1.Kön 2,7 [1.Sam]; Lk 1,53.
585 Dtn 32,39; 1.Kön 2,6 (1.Sam).
586 Num 16,22; 27,16; Jer 39,27 (LXX) 32,27 (MT).
587 Dan 3,55 nur in LXX (aus dem Lied der drei Männer im Feuerofen).
588 Jdt 9,11.

die Völker zahlreich machst auf der Erde und von allen die erwählt hast, die Dich lieben durch Jesus Christus, Deinen geliebten Sohn, durch den Du uns erzogen, geheiligt und geehrt
hast. 4 Wir bitten Dich, Herr, Du mögest unser „Helfer und Bei-
stand"[589] sein. Unsere Bedrängten errette, mit den Bedrückten
habe Erbarmen, die Gefallenen richte auf, den Betenden zeige
Dich, die Kranken heile, die Irrenden aus Deinem Volke führe
den rechten Weg; gib Nahrung den Hungernden, befreie unsere
Gefangenen, richte auf die Schwachen, tröste die Kleinmüti-
gen; „erkennen sollen Dich alle Völker, dass Du bist der einzige Gott"[590] und Jesus Christus Dein Sohn und „wir Dein Volk
und die Schafe Deiner Weide."[591]

---

589 Ps 118,114; PsSal 16,4.
590 3.Kön 8,60; 4.Kön 19,19.
591 Ps 78,13. 94,7. 99,3.

LX
Lob- und Bittgebet

1 Denn Du hast den bleibenden Bestand der Welt durch das Geschaffene geoffenbart; Du, Herr, hast den Erdkreis gegründet, treu in allen Geschlechtern, gerecht in Deinen Gerichten, bewunderungswürdig in der Macht und Majestät, weise im Erschaffen und verständig im Erhalten des Geschaffenen, gut in dem, was man sieht, und treu gegen die auf Dich Hoffenden, „barmherzig und voll Huld"[592]; vergib uns unsere Sünden und Missetaten, unsere Fehltritte und Vergehen. 2 Rechne nicht jede Sünde Deiner Diener und Dienerinnen an, reinige uns so, wie Deine Wahrheit rein macht, „und leite unsere Schritte, dass wir wandeln in Heiligkeit des Herzens, das Gute tun und was vor Dir wohlgefällig ist"[593] und vor unseren Vorgesetzten. 3 Ja, Herr, „lass Dein Angesicht über uns leuchten, damit wir Gutes (erhalten) im Frieden, auf dass wir beschützt seien durch Deine starke Hand"[594] und errettet werden von jeder Sünde „durch Deinen erhobenen Arm"[595], und dass Du „uns erlösest von denen, die uns zu Unrecht hassen".[596] 4 Gib Friede und Eintracht uns und allen Bewohnern der Erde, wie Du sie verliehen hast unseren Vätern, die fromm Dich angerufen haben in Glaube und Wahrheit, da sie untertan waren Deinem allmächtigen und hochgepriesenen Namen.

---

592 Joel 2,13; Sir 2,11; 2.Chron 30,9.
593 Ps 39,3. 118,133; 3.Kön 9,4; Dtn 12,25.28. 13,18. 21,9.
594 Ps 30,17. 66,2. 79,4.8.20; Num 6,25-26.
595 Jes 51,16; Ex 6,1; Dtn 4,34.
596 Lk 1,71.

LXI
Gebet für die von Gott eingesetzte weltliche Obrigkeit

1 Unseren Herrschern und Regierenden auf Erden – ihnen hast Du, o Herr, die Gewalt des Königreiches gegeben[597] durch Deine übergroße und unbeschreibliche Macht, damit wir die von Dir ihnen verliehene Herrlichkeit und Ehre anerkennend ihnen gehorchen, ohne irgendwie Deinem Willen zu widersprechen;[598] schenke ihnen, Herr, Gesundheit, Frieden, Einigkeit und Stärke, damit sie ohne Anstoß ihre von Dir verliehene Herrschaft führen. 2 Denn Du, o Herr, himmlischer König der Ewigkeiten, verleihest den Menschenkindern Ehre und Ansehen und Macht über das, was auf Erden ist; leite Du, o Herr, ihren Sinn so wie es „gut und Dir wohlgefällig ist"[599], damit sie gottesfürchtigen Sinnes in Frieden und Milde ihre von Dir verliehene Gewalt ausüben und so Deiner Gnade teilhaftig werden. 3 Der Du allein imstande bist, diese und noch größere Wohltaten unter uns zu wirken, Dich preisen wir durch den obersten Priester[600] und Führer unserer Seelen Jesus Christus; durch ihn sei Dir die Ehre und die Verherrlichung jetzt und von Geschlecht zu Geschlecht und von Ewigkeit zu Ewigkeit. Amen.

---

597 Christus, Seine Apostel und deren Schüler sprachen, wenn sie von weltlichen Regierungen sprachen, immer nur von Königreichen und deren Fürsten, Könige oder Kaiser, die von Gott ihre Herrschaft verliehen bekamen. Politiker haben sie damit aber nie gemeint, denn die bekommen ihr Recht und ihre Staatsgewalt vom Volk verliehen anstatt von Gott, und verkörpern also das menschengemachte Gegenprogramm (Macht geht vom Volk aus) zur von Gott gebotenen Herrschaftsordnung (Macht geht von Gott aus).

598 Apg 4,19. 5,29.

599 Dtn 12,25-28. 13,18.

600 Hebr 4,14. 7,14-27. 8,1ff. 9,11. 10,21.

LXII
Zusammenfassung der früheren Mahnworte

1 Darüber, was unser Gottesdienst erfordert und was am meisten nützlich ist für die, welche ein tugendhaftes Leben in Frömmigkeit und Gerechtigkeit führen werden, habe ich euch genug geschrieben, Männer, Brüder. 2 Denn über Glaube und Buße und über echte Liebe, Enthaltsamkeit, Keuschheit, Geduld haben wir genug berührt und euch daran erinnert, dass ihr in Gerechtigkeit, Wahrheit und Langmut dem allmächtigen Gott gefallen müsst in Heiligkeit, indem ihr ohne Böses nachzutragen in Liebe und Friede mit dauernder Nachgiebigkeit einmütig lebet, wie auch unsere oben gerühmten Väter Gott wohlgefällig waren dadurch, dass sie demütig waren in dem, was den Vater und Gott und Schöpfer und alle Menschen angeht. 3 Und daran haben wir euch um so lieber erinnert, als wir sicher waren, dass wir an gläubige und ausgezeichnete Männer schreiben, die wohlbewandert sind in den Worten der göttlichen Lehre.

LXIII
Ansporn. Einführung der römischen Gesandten

1 Daher ist es am Platze, dass wir solchen und so vielen Vorbildern uns anschließen, den Nacken beugen und die Pflicht des Gehorsams erfüllen, auf dass wir von dem nutzlosen Streite ablassen[601] und dem uns in Wahrheit vorgesteckten Ziele ohne Tadel zueilen. 2 Ihr werdet uns Freude und Vergnügen bereiten, wenn ihr, gehorsam gegen das, was wir durch den Heiligen Geist (geleitet) geschrieben haben, den sündhaften Zorn eurer Erbitterung ableget, entsprechend der Mahnung, die wir euch über Frieden und Eintracht in diesem Briefe gegeben haben. 3 Wir haben euch zuverlässige und verständige Männer geschickt, die von Jugend auf bis in ihr Alter einen tadellosen Wandel unter uns geführt haben, diese sollen auch Zeugen zwischen euch und uns sein.[602] 4 Dies haben wir getan, damit ihr einsehet, dass wir jede Sorgfalt angewendet haben und anwenden, damit ihr in Bälde den Weg zum Frieden findet.

---

601 Vgl. 1.Tim 6,5.

602 Klemens ahmt die Vorgangsweise seines Lehrers Paulus nach, der ebenfalls vorbildliche Brüder mit seinen Briefen mitschickte als Zeugen, die erklären und vorzeigen sollen, was gemeint und gefordert ist, und dem Absender Bericht erstatten. Vgl. 1.Kor 4,17; 2.Kor 7,6-9. 8,16-24.

LXIV
Segen für alle, die Gott anrufen

1 Im übrigen wolle der allsehende „Gott, der Gebieter der Geister und Herr alles Fleisches"[603], der den Herrn Jesus Christus und durch Ihn uns erwählt hat zu einem bevorzugten Volke,[604] jeder Seele, die Seinen erhabenen und heiligen Namen anruft, verleihen Glaube, Furcht, Friede, Geduld und Langmut, Enthaltsamkeit, Keuschheit[605] und Mäßigung, auf dass sie wohlgefällig sei Seinem Namen durch unseren obersten Priester[606] und Führer Jesus Christus, durch den Ihm Ruhm und Verherrlichung, Stärke und Ehre sei jetzt und in alle Ewigkeit der Ewigkeiten. Amen.

---

603 Num 16,22. 27,16; Hebr 12,9.
604 Tit 2,14.
605 Gal 5,22.
606 Hebr 7,14-27. 8,1ff. 9,11. 10,21.

LXV
Schlußanordnungen. Schlußsegen

1 Unsere Abgesandten Klaudius Ephebus, Valerius Biton und Fortunatus schicket uns bald und in Frieden mit Freuden zurück, damit sie recht schnell Kunde bringen, dass der von uns sehnlichst erwünschte Friede und die Eintracht hergestellt sei, auf dass auch wir uns schneller freuen können über eure wohlgeordneten Verhältnisse.

2 Die Gnade unseres Herrn Jesus Christus sei mit euch und überall mit allen, die berufen sind von Gott und durch Ihn, durch den Ihm Ruhm, Ehre, Stärke und Verherrlichung, ewige Herrschaft sei von Ewigkeit in alle Ewigkeit. Amen.[607]

---

607 Offb 5,13.

Anhang

Die Bedeutung der Namen des Pentateuchs

Anders als im Hebräischen werden die einzelnen Bücher des griechischen Pentateuchs nach inhaltlichen Gesichtspunkten benannt. Die Namen geben also Auskunft über den Inhalt. Bei der Übersetzung ins Lateinische wurde das beibehalten. Martin Luther entfernte durch seine Umbenennung diese Bedeutung.

LXX (Griechisch)	Bedeutung	Vulgata (Latein)	Luther (Deutsch)
Genesis	„Entstehung" Die Entstehung der Welt.	Genesis	1.Mose
Exodos	„Auszug" Der Auszug der Israeliten aus der im Lande Ägypten erlittenen Knechtschaft.	Exodus	2.Mose
Levitikon (biblion)	„Levitisches Buch" Schwerpunkt ist der Tempel- und Priesterdienst der Leviten.	Leviticus	3.Mose
Arithmoi	„Zahlen" Volkszählungen, Zählungen der Opfertiere, etc.	Numeri	4.Mose
Deuteronomion	„Wiederholung des Gesetzes" Das Wort entspricht dem Selbstverständnis des Buches und ist sogar dem Text selbst entnommen (17,18).	Deuteronomium	5.Mose

Wir verwenden wie allgemein üblich die latinisierte Schreibweise!

Unterschiede bei biblischen Namen je Sprache

Die biblischen Namen lagen zur Zeit Christi in Hebräisch, Griechisch oder Latein vor, meist in allen drei Sprachen. Heute
kommen Englisch, Deutsch u.v.a. dazu. Namen werden manch-
mal übersetzt (der Sinn bleibt erhalten), meist transkribiert (der
Klang bleibt erhalten), selten durch andere ausgetauscht (vgl.
vorheriges Kapitel zu den Namen des Pentateuchs). Da die frühen Christen des 1.Jh. auf Griechisch lasen, lehrten und schrie-
ben, verwenden wir, wie viele Übersetzer der frühen Christen,
die transkribierte Griech. Schreibweise der Namen (s. Tabelle
2.Spalte), um so nahe wie möglich am Original zu bleiben.

Griechisch	Griechisch transkribiert	Latein	KJV (Englisch)	Luther (Deutsch)
Αβιρων	Abiron	Abiram	Abiram	Abiram
Ηλίας	Elias	Helias	Elijah	Elia
Ελισεαί	Eliseai	Heliseum	Elisha	Elisa
Ενώχ	Enoch	Enoch	Enoch	Henoch
Ησαΐας	Esaias	Isaias	Isaiah	Jesaja
Ιεζεκιηλ	Ezechiel	Hiezecihel	Ezekiel	Hesekiel
Ιησούς	Jesus	Iesus oder Iosue	Jesus oder Joshua	Jesus oder Josua
Ιωβ	Job	Iob	Job	Hiob
Μαριάμ	Mariam	Maria	Miriam oder Mary	Mirjam oder Maria
Μωυσή	Moses	Moses	Moses	Mose
Νώε	Noe	Noe	Noah	Noah
Ρααβ	Raab	Raab	Rahab	Rahab
Ροβοάμ	Roboam	Roboam	Rehoboam	Rehabeam
Σόδομα	Sodoma	Sodoma	Sodom	Sodom

Abkürzungen

ANF	Ante-Nicene Fathers
Apg	Apostelgeschichte
Apol.	Apologie oder Apologetikum
Apost.	Apostolische
AT	Altes Testament
Barn	Barnabasbrief
BKV	Bibliothek der Kirchenväter
Chr	Chronik
Const.	Constitutionen
d.h.	das heißt
Dan	Daniel
dgl.	dergleichen
DialTryph	Dialog mit dem Juden Tryphon
Dida	Didache, Apostellehre
Diog	Brief an Diognet
Dtn	Deuteronomium (5. Mose)
Ebd.	Eben da. Verweist auf die vorherige Fußnote
Esdr	Esdras (2. Esdr beinhaltet die Bücher Esra und Nehemia. 1., 3. u. 4. Esdr fehlen im MT)
Est	Esther
Ex	Exodus (2. Mose)
Ez	Ezechiel (Hesekiel)
f	und der/die folgende Vers/Seite
ff	und die folgenden
FN	Fußnote
Gal	Galaterbrief
GdHär	Gegen die Häresien
Gen	Genesis (1. Mose)
Hebr	Hebräer(brief)
Hist.eccl.	Historia Ecclesiastica (Kirchengeschichte)
humanist.	humanistisch(e)(er)
Jak	Jakobus(brief)
Jdt	Das Buch Judith
Jer	Jeremias (Jeremia)
Jes	Das Buch Jesaja
Jh.	Jahrhundert
Job	Das Buch Job (Hiob)
Joh	Johannes(evangelium)
Jos	Das Buch Josua
Jud	Das Buch Judas
jüd.	jüdisch(er)(e)(es)
K.	Kapitel
KG	Kirchengeschichte
KJV	King James Version
Klem	Klemensbrief
Kön	Königtümer (LXX). 1. u. 2. Königtümer entspricht 1. u. 2. Samuel (MT). 2. u. 3. Königtümer entspricht 1. u. 2. Könige (MT).
Koh	Kohelet (Prediger)
Kol	Kolosser(brief)
Kor	Korinther(brief)
latein.	lateinisch(e)(er)
Lev	Leviticus (3. Mose)
Lk	Lukas(evangelium)
LXX	Septuaginta
Makk	Makkabäer, Buch der.

Mal	Maleachi
Mk	Markus(evangelium)
MT	Masoretentext
Mt	Matthäus(evangelium)
NA	Nestle-Aland
NT	Neues Testament
Num	Numeri (4. Mose)
Oct	Octavius, Dialog des
Offb	Offenbarung
Petr	Petrus(brief)
Phil	Philipper(brief)
Ps	Psalm. Die Zählung erfolgt nach der LXX.
PsSal	Psalmen Salomos
Röm	Römer(brief)
RKK	Römisch-Katholische Kirche
s.	siehe
S.	Seite
Sach	Sacharja
Sir	Jesus Sirach
Spr	Sprüche Salomos, Sprichwörter
Strom	Stromata (Teppiche)
Thess	Thessalonicher(brief)
Tim	Timotheus(brief)
Tit	Titus(brief)
Tob	Tobit
TR	Textus Receptus
u.	und
u.dgl.	und dergleichen
usw.	und so weiter
u.v.a.	und viele andere
vgl.	vergleiche
Weish	Weisheit (Sophia)

wörtl.	wörtlich
z.B.	zum Beispiel
zoolog.	zoologisch(e)(er)

Die Zählung der Psalmen

Die Masoreten haben den Psalm 9 in der Mitte auseinander geschnitten und dem zweiten Teil die Nummer 10 gegeben. Damit verschoben sie ab Psalm 9 alle Psalmen um eine Nummer nach hinten. Die Septuaginta existierte schon einige Jahrhunderte vor den Masoreten und hat noch die alte Zählung. Die Christen des 1.Jh. kannten den MT noch gar nicht und lasen und zitierten daher nur die LXX. Unsere Quellenangaben folgen der LXX. Daher muss in allen Bibeln, die dem MT folgen, ab Ps 9 jeweils eine Nummer höher nachgeschlagen werden als bei uns in den FN steht. Z.B: Ps 21 in der LXX ist Ps 22 im MT. Ab Ps 148 stimmt die Zählung beider wieder überein.

Die Römischen Zahlen

Im Römischen Imperium wurden die Römischen Zahlen verwendet, selbstverständlich auch von den frühen Christen. In Europa wurden die Römischen Zahlen in manchen Bereichen bis heute beibehalten und so hat es sich eingebürgert, dass die Kapiteln von alten Büchern mit Römischen Zahlen nummeriert werden, die Verse aber in Arabischen Zahlen. Wir behielten diesen schönen alten Brauch bei und wollen auf dieser Seite allen helfen, die nicht die Römischen Zahlen beherrschen.

Die Römische Schrift hat keine Ziffern. Stattdessen werden aus Buchstaben die Zahlen gebildet, indem die Werte der Buchstaben addiert werden. Ausnahme ist stets die Zahl vor dem nächsthöheren Buchstaben, die wird durch Subtraktion gebildet, wobei der zu subtrahierende Buchstabe links steht (4=5-1; 9=10-1; 40=50-10; 41=50-10+1; 49=50-10+10-1 usw.). Mit etwas Übung ist das bald erlernt. In der Tabelle stehen unter den lateinischen Buchstaben die Zahlenwerte in arabischen Ziffern.

I	II	III	IV	V	VI	VII	VIII	IX	X
1	2	3	4	5	6	7	8	9	10
XI	XII	XIII	XIV	XV	XVI	XVII	XVIII	XIX	XX
11	12	13	14	15	16	17	18	19	20
XXI	XXII	XXIII	XXIV	XXV	XXVI	XXVII	XXVIII	XXIX	XXX
21	22	23	24	25	26	27	28	29	30
XXXI	XXXII	XXXIII	XXXIV	XXXV	XXXVI	XXXVII	XXXVIII	XXXIX	XL
31	32	33	34	35	36	37	38	39	40
XLI	XLII	XLIII	XLIV	XLV	XLVI	XLVII	XLVIII	XLIX	L
41	42	43	44	45	46	47	48	49	50
LI	LII	LIII	LIV	LV	LVI	LVII	LVIII	LIX	LX
51	52	53	54	55	56	57	58	59	60

Buchempfehlung

Die ersten Christen
Am Anfang war die Liebe
Eberhard Arnold

Wie waren sie wirklich die Christen der ersten Jahrhunderte bevor die christliche Kirche zur Institution wurde? Was dachten, fühlten und taten sie?

Eine Antwort darauf geben die ausgewählten Textstücke dieses Sammelbandes. Eberhard Arnold hat alle wesentlichen Originaldokumente der ersten Jahrhunderte durchgesehen, die wichtigsten Teile übersetzt und nach inhaltlichen Schwerpunkten neu geordnet. Vom persönlichen Brief bis zum staatlichen Gerichtsprotokoll, von der Bischofspredigt bis zu den Herrenworten reicht die Bandbreite. Origenes, Tertullian, Polykarp, Clemens von Alexandria, Justin der Märtyrer und Irenäus kommen genauso zu Wort wie die ausgesprochenen Feinde und Gegner dieser ersten Christenheit.

In diesen Schriften lebt der ursprüngliche, dynamische Glaube der Urchristen. Die klare Direktheit dieser Schriften ist eine aufrüttelnde Herausforderung für eine eingeschlafene Christenheit.

Erstauflage 1926 Eberhard Arnold Verlag, 452 Seiten.

Neuauflage 2012, Plough Publishing House, 196 Seiten, Deutsch.

E-Book (PDF) kostenlos erhältlich hier:

https://www.plough.com/de/themen/glaube/die-ersten-christen/die-ersten-christen

Würden die Theologen sich bitte setzen
David Bercot

Als das Christentum noch jung war, lag der Schwerpunkt auf Jesus Christus und Seinem Königreich - nicht auf der Theologie. Am Anfang begriffen die Christen, dass das Wesen des Christentums eine gehorsame Liebes-Glaubens-Beziehung zu Jesus Christus ist. Dies war nicht irgendeine Beziehung, sondern eine Beziehung, die echte Früchte des Königreiches Gottes hervorbrachte.

Doch dann geschah etwas: Theologen übernahmen die Kirche Gottes. Als sie die Macht übernahmen, verlagerte sich der Schwerpunkt von göttlicher Frucht auf »orthodoxe« (rechtgläubige) Theologie. Das Christentum wurde zum Lehrtum.

In diesem provokanten Werk belegt David Bercot anhand vieler konkreter Fallbeispiele wie weit Geschichtsfälschung, falsche Lehren und Desinformation im Christentum verbreitet sind und welche Rolle Theologen, Reformatoren und deren Bibelkommentare dabei spielen. Bercot liefert im Zuge dessen einen kurzweiligen, differenzierten Crashkurs in Kirchengeschichte ab und kommt zu dem Schluss, dass es an der Zeit ist, Jesus Christus endlich wieder durch die Texte der vier biblischen Evangelien sprechen zu lassen, ohne Seine Lehren durch die Leugnungen und die geistige Gymnastik der Theologen zu filtern. Es ist an der Zeit, dass die Kinder des Königreiches Gottes für Christus und das von Ihm gepredigte Evangelium eintreten - und dass die Theologen sich bitte setzen.

Paperback, 212 Seiten, Deutsch, 2022 BoD

ISBN-13: 9783756886531
https://www.bod.de/buchshop/wuerden-die-theologen-
sich-bitte-setzen-david-bercot-9783756886531

Band 1 aus unserer Serie Frühchristliche Werke

Dialog Octavius
Marcus Minucius Felix

Drei Freunde spazieren am Strand der malerischen antiken Hafenstadt Ostia. Es ist ein lauschiger Herbsttag zur Zeit der Weinlese. Das Meer untermalt die angeregten Gespräche. Doch dann, vor einer Götterstatue entbrennt plötzlich ein Disput zwischen dem Christ Octavius und dem philosophischen Atheisten Caecilius. Minucius Felix soll als Dritter in der Mitte zwischen beiden Schiedsrichter sein in einem Wettstreit der Argumente auf höchstem Niveau, wo es am Ende nur einen Sieger geben kann.

Dieser Dialog ist ein literarisches und apologetisches Meisterwerk des frühen Christentums, als die Lehre der Apostel noch lebendig und frisch war, die Gesellschaft aber argwöhnisch gegenüber den Christen. Minucius Felix berichtet uns kurzweilig und eindrücklich, mit welchen Anschuldigungen die Christen seinerzeit konfrontiert wurden, wie sie sich dagegen wehrten, und gibt uns nebenbei einen Kurs in antiker Mythologie und Geschichte.

Mit **Lexikon der Mythologie** und **antiken Geschichte!**

Paperback, 162 Seiten, Deutsch, 2023 BoD

ISBN-13: 9783751920445

https://www.bod.de/buchshop/dialog-octavius-marcus-minucius-felix-9783751920445

Band 2 aus unserer Serie Frühchristliche Werke

Barnabasbrief • Didache • 1. Klemensbrief
Briefe der Apostelzeit

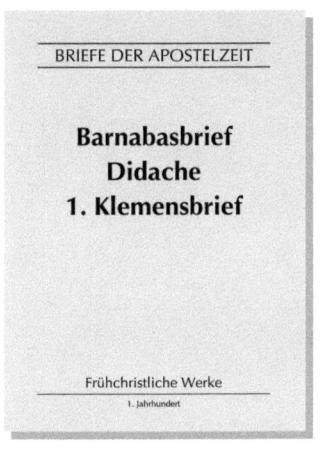

Wie würden wir heute die Paulusbriefe lesen und verstehen, wenn wir sie durch die Augen seines Schülers Klemens oder vielleicht sogar seines Lehrers Barnabas sehen könnten? Wie würden unsere christlichen Gemeinden und Kirchen heute aussehen, wenn dort immer noch die Kirchenordnung gelesen, gelehrt und gelebt würde, die von den Aposteln selbst stammt?

Im 16. Jh. haben die Täufer diese Perlen des frühen Christentums wieder entdeckt und mit großem Gewinn für ihren Glauben und ihre Gemeinschaft gelesen und gelehrt. Vielleicht ist das der Grund, warum sie andere Früchte brachten als die anderen Christen ihrer Zeit?

Diese und andere spannende Fragen können die Leser anhand dieser drei frühchristlichen Werke selbst beantworten, während sie mitgenommen werden auf eine Zeitreise ins erste Jahrhundert als die Apostel noch lebten, die Überlieferung noch unverfälscht und die Kirche noch rein war.

Paperback, 168 Seiten, Deutsch, 2023 BoD

ISBN-13: 9783757860363

https://www.bod.de/buchshop/barnabasbrief-didache-1-klemensbrief-klemens-von-rom-9783757860363

Solange ihr noch in diesem herrlichen Gefäß seid,
verfehlt euch in keinem dieser Dinge,
sondern forschet stets darüber nach
und erfüllet alle Gebote, denn sie sind es wert.

Deshalb war ich um so mehr bemüht,
von dem, was ich beherrschte, euch zu schreiben,
um euch eine Freude zu machen.
Lebet wohl, Kinder der Liebe und des Friedens,
der Herr der Herrlichkeit und jeglicher Gnade sei mit eurem Geiste!